MDT模式大数据
落实药品带量采购

袁向东　主编

SPM 南方出版传媒
广东科技出版社｜全国优秀出版社
·广　州·

图书在版编目（CIP）数据

MDT模式大数据落实药品带量采购／袁向东主编．—广州：广东科技出版社，2021.3
ISBN 978-7-5359-7604-8

Ⅰ．①M… Ⅱ．①袁… Ⅲ．①药品—采购—研究—中国 Ⅳ．①F724.73

中国版本图书馆CIP数据核字（2020）第224291号

MDT模式大数据落实药品带量采购
MDT Moshi Dashuju Luoshi Yaopin Dailiang Caigou

出 版 人：朱文清
策划编辑：林 旸
责任编辑：刘锦业 杜怡枫
装帧设计：友间文化
责任校对：杨崚松
责任印制：彭海波
出版发行：广东科技出版社
（广州市环市东路水荫路11号 邮政编码：510075）
销售热线：020-37592148 / 37607413
http://www.gdstp.com.cn
E-mail：gdkjcbszhb@nfcb.com.cn
经 销：广东新华发行集团股份有限公司
印 刷：广州市东盛彩印有限公司
（广州市增城区新塘镇太平洋工业区113号厂房A2一楼C区）
规 格：889mm×1 194mm 1/32 印张5.125 字数120千
版 次：2021年3月第1版
2021年3月第1次印刷
定 价：39.80元

编委会

主　编： 袁向东

副主编： 吴　粤　赖伟华

编　者： 杨　坚　李　璇　文政伟　劳海燕　刘菊娥
曾英彤　夏　锋　覃德清　赵　宇　吕艺芝
刘宏伟　陈维雄　刘　亮　杨　洋　郭智冲
袁锐杨　娄兴汉

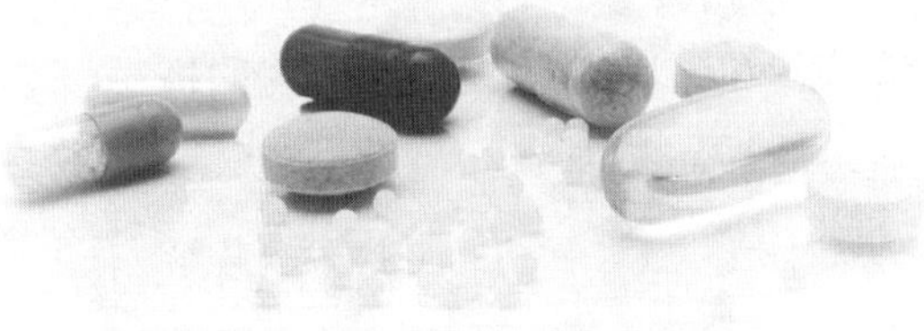

序言

医药卫生事业关系亿万人民群众的健康，是我国重大的民生问题。近年来，医疗健康的需求日渐增长与医疗资源的有限性矛盾日益凸显，为解决人民群众长期强烈反映的药价虚高、药品处方不合理等问题，国家于2009年启动了新医改，我国一方面在全国公立医疗机构持续推行药品“集中招标定价”，用行政手段直接干预交易价格；另一方面以限制、破除逐利机制的名义实施零差率等管制政策。

2018 年底，国家组织药品带量采购试点方案落地，标志着药品集中采购进入新阶段。药品带量采购试点是对既往药品集中采购制度的重大改革，最主要目的是让人民群众以更低廉的价格用上优质有效的药品。2019年4月起，药品带量采购正式在

"4+7"共11个城市率先启动，到8月底已完成全年指标的105.99%，初步实现了以量换价和降低人民群众医疗费用的政策初衷。在此基础上，药品带量采购将陆续在全国31个省市全面铺开。

广东省人民医院作为"4+7"药品带量采购政策第一批试点城市的医疗机构，一直紧跟国家和地方政策的引导步伐，在前期酝酿、政策解读、方案制定、监督反馈等方面开展了大量的工作，探索出了一条MDT模式下基于大数据落实药品带量采购的道路，圆满完成了第一个协议期的药品采购和使用任务。

本书从国内外的药品带量采购政策和经验出发，详细记录和阐述了我院开展药品带量采购工作的方法、步骤、工具和成效，并且总结归纳了我们遇到的一些难点和问题。全书描述平实、浅显易懂，可为我院及其他省市医疗机构开展下一阶段的药品带量采购工作提供一定参考和借鉴意义。

感谢您的阅读，并就此机会，谨向付出了艰辛劳动的全体编写人员致以崇高的敬意。

本书编委会

目录

Contents

第一章 “4+7”药品带量采购政策背景

第二章 基于 MDT 模式落实医院药品带量采购

第三章 MDT 模式下实现带量采购实践效果分析

Part 第一章

“4+7”药品带量采购政策背景

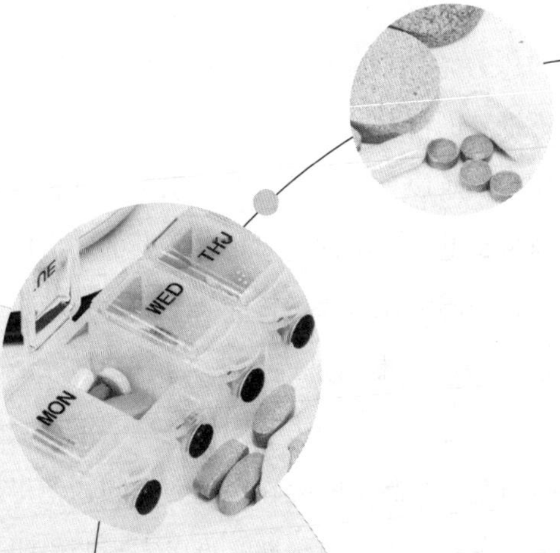

第一节
加强药品价格和质量管控的必要性

人民群众对医疗和健康的需求日渐增长，与医疗资源的有限性矛盾日益凸显。我国目前在医疗费用大幅增加、医保筹资增速放缓及人口老龄化这三重因素叠加作用之下，医保基金面临严峻的压力，2014年已有185个统筹地区的城镇职工医保资金出现收不抵支的情况。世界范围内，曾经被奉为模范的中国台湾地区健保已经难以为继；英国政府对NHS的投入逐年增加，但是效率却越来越低下；美国针对特殊人群的“奥巴马医保”也被特朗普废掉，控制医疗费用增长成为全球性问题。

药品价格虚高是近年来人民群众反映强烈的看病贵问题的重要原因之一，党中央、国务院高度重视减轻人民群众医药费用负担问题。药品采购存在一些突出问题使得药价难以下降：量价脱钩，企业缺乏销量预期，难以实现药价明显下降；仿制药质量水平总体偏低，难以与原研药在同一水平上公平竞争；采购层级较低，用量分散，导致议价能力不足，同时区域政策差异，影响了统一市场形成，弱化了市场竞争机制；药品采购、使用、医保支付、货款结算等措施衔接配合不够，难以发挥协同作用。

国家医保局主导实施药品集中采购试点是我国医改深化发展的重要体现。长期以来，受制度环境和管理体制的制约，我国药品集中采购制度问题很多，难以实现根本性变革。2018年，药品集中采购的制度环境发生了积极变化，使得药品集中采购试点具备了良好的制度环境和社会氛围。一是仿制药一致性评价工作取得明显进展，部分仿制药达到和原研药质量疗效一致水平，为公平竞争提供了质量基础。二是按照党和国家机构改革方案，理顺了药品招标采购、价格管理和医保基金支付等的管理体制。三是以抗癌药减税为契机实施降价“组合拳”，形成了降低药价的政策环境和舆论氛围，社会对使用价格适宜的优质仿制药关注程度明显提高。

为此，国家医保局率先在上海进行药品带量采购试点。自2015年起，上海模式已经历了三批带量采购工作并取得了实际性成效。为推广经验，2018年11月15日，经中央全面深化改革委员会同意，国家组织药品集中采购试点，试点地区范围为北京、天津、上海、重庆和沈阳、大连、厦门、广州、深圳、成都、西安11个城市（以下简称“4+7”城市），并发布文件《“4+7”城市药品集中采购文件》，确定了31个集中采购品种以及采购量，其中文件注明在采购化学药品时，需要约定采购量。2018年12月6日，国家组织31种药品带量采购报价正式开始，2018年12月17日，带量采购中选名单最终公示。2019年印发的《国务院办公厅关于印发国家组织药品集中采购和使用试点方案的通知》规定了2019年4月1日在“4+7”城市正式实行药品集中采购，《国务院深化医药卫生体制改革领导小组关于进一步推广福建省和三明市深化医药卫生体制改革经验的通知》（国医改发〔2019〕2号）提出2019年12月底前，各省份要全面执行国家组织药品集中采购和使用改革试点25种药品的采购和使用政策。2020年，按照国家统一部署，扩大国家组织集中采购和使用药品品种范围。在这种政策持续加码的政治环境下，全国各地的医院都应当明确落实国家带量采购品种使用的重要性，出台相关管控措施保障相关品种在院内的使用。

第二节
国际药品带量采购经验介绍

目前我国实施的药品带量采购，一定程度上借鉴了集团采购模式。这一模式在美国等国家药品集中采购中发挥了重要作用，至今仍然是最主要的药品采购方法。过期专利药要降价，仿制药要参与竞争势必降价，这是全球仿制药走过的路，因此放眼国内、国际的背景下，药品带量采购都是政策与市场发展到一定阶段的必然产物。

一 美国药品集中采购经验

美国是全球最大的仿制药消费国，美国仿制药行业经历了三个主要阶段：宽松管理，初步萌芽；严格控制，缓慢推进；有序监管，高速发展。1984年通过的《药品价格竞争与专利期补偿法》（俗称“Hatch-Waxman法案”）对推动美国仿制药发展起到关键作用，不仅建立了现代仿制药的审批制度和流程，对适用于药品的专利法也做出了重大的更改，推动了美国仿制药替代原研药之路。

美国从1964年开始做药品一致性评价，并从2007年起发布单个药品的生物等效性指南，从技术层面为企业研发仿制药提供具体有效的指导，保证了仿制药的质量。为了让仿制药尽快替代原研药，1984年美国出台《药品价格竞争与专利期补偿法》，授予了首仿药180天的市场独占期，大力促进仿制药的发展，以此控制不断上涨的药品价格。从2015年开始，FDA（美国食品药品监督管理局）建立首仿药的优先审批通道，每个首仿药申请的时限只需15个月，为首仿药提供更为快速的审评服务，力保原研药物专利到期之时仿制药可以及时上市。此后，FDA大量批准仿制药，仅2017年授予的ANDA文号近900个，2018年超过1 000个，美国已成为全球仿制药替代率最高、替代速度最快的国家。

美国仿制药工业协会每年都会发布数据报告，介绍仿制药低价机制，促进仿制药价格的下降。美国原研药专利到期后原研药和仿制药均出现断崖式降价，尤其是在专利到期1年后整体降幅达51%，口服药降幅达66%。根据FDA 2005年公布的数据，首仿药约为原研药价格的94%，而在第二个仿制药上市后其价格降至原研药的52%，且随着上市仿制药数量的不断增加，降幅不断加剧，到同品种有接近20个仿制药之时，其价格降至原研药的约6%。

美国商业医疗保险发展成为重要的支付方后，由于医疗卫生支出日益增长，医疗保险机构控费压力明显。同时，美国最大的公立医疗保险项目Medicare由按项目付费转为预付费，倒逼医疗机构控制其医疗成本，最终促进能够以规模效应降低医疗机构采购成本的GPO迅速发展。由于美国药品价格完全市场化，GPO

组织可根据会员医疗机构的购买意愿集合订单并进行价格谈判，运用临床导向来指导药品购买，即购买产品的选择由临床一线医师及专家组成的临床委员会决定，这使得药品的临床疗效得到保障，用药习惯得到尊重，还兼顾了价格因素。采购组织越集中，交易成本节约越显著，带量采购降价效果越明显，仿制药使用量持续大幅度上升，根据2003年美国仿制药的处方量，其处方替代率为54%，至2017年，达到了90.3%，替代率很高。尽管如此，美国FDA还在推行仿制药全球一体化来推动仿制药的竞争，以进一步降低药价。

药品集中采购如今在美国已被广泛采纳，药品集中采购相对于分散采购而言，能够降低采购成本，能够帮助医疗机构和医保部门节省大量的费用。美国从2007年到2017年共节省了1.97万亿美元医疗基金支出，2018年节省的医疗开支达2 650亿美元。

二 日本药品定价及采购经验

日本政府从20世纪70年代开始注重仿制药工业的发展，1997年制定并颁布国内《仿制药生物等效性试验指导原则》，后续经过三次仿制药品质再评价工程（一致性评价），大幅度提升仿制药的品质，促进整个仿制药工业的发展。

为推动仿制药的使用，日本政府近10年来出台了多项激励仿制药使用的相关政策。在2007年，推出《仿制药安全使用促进行动计划》；2008—2010年，引入“仿制药处方奖励机制”和“仿制药使用奖励机制”，具体做法是，如果医生处方用原研药，药师有权用仿制药予以替代；并对使用仿制药的处方进行额外的奖励。2013年制定了推广仿制药使用的路线图。在接连多项政策的作用下，日本仿制药使用比例逐年上升，2007年仿制药销售量在总药物销售量中的占比不足30%，提升至目前的接近80%。

日本由政府对于所有专利过期药，以及上市的仿制药，在同一个通用名下，相同剂型下，实施统一的定价。获批上市的仿制药进入《药价标准》，按照原研药现行价格的60%进行一刀切定价，对于《药价标准》收录超过10个品种以上的同一成分的仿制药，收录价格会相应下调至50%，并且随后每两年一次，仿制药也会进行集体下调医保支付价。根据2018年版《药价基准目录》，9 254种仿制药占所有处方药数量的56.3%，是原研药数量的2.4倍。而以价格计算，仿制药占比只有15.0%，基于这种以相对定价方式为主、每两年一次下调的药价形成机制，日本有效控制了药费。

日本医疗机构药品采购普遍注重经济实用性，其采购目的都是围绕降低药品采购成本而展开。为取得更好的折扣，越来越多的医疗机构采用医疗机构联合体的集团化采购模式。

第三节
“4+7”药品带量采购政策解读及进展

一 政策目的与意义

药品集中采购试点是对既往药品集中采购制度的重大改革，最主要目的是让人民群众以比较低廉的价格用上质量更高的药品。

习近平总书记主持召开中央全面深化改革委员会第五次会议审定了《国家组织药品集中采购试点方案》，强调国家组织药品集中采购试点，目的是探索完善药品集中采购机制和以市场为主导的药价形成机制，降低群众药费负担，规范药品流通秩序，提高群众用药安全。李克强总理主持召开国务院常务会议，要求开展国家药品集中采购试点，实现药价明显降低。

2018 年11 月15 日，国家组织带量采购试点方案落地，标志着药品集中采购进入新阶段。“4+7”城市药品集中采购方案由国家顶层设计并组织实施，本身自带全国推广的属性。本次集中采购试点方案由中央全面深化改革委员会审议通过，由国家层面启动带量采购试点方案，具有极强的指导意义，影响势必会迅速蔓延至全国。

二 相关政策

1993年以前，我国公立医院均为医院独立采购药品，这种分散采购模式容易滋生不规范行为。从1993年开始，河南省开始探索药品集中采购实践，此后各地纷纷进行药品采购改革（表1–1）。

表1–1　1993—2017年药品采购政策

年份	相关政策
1993年	河南省卫生厅主导成立了河南省药品器材采购咨询服务中心，确定了河南省医药公司等7家批发企业为药品采购定点企业，以定点采购方式开展药品集中采购
1995年	上海浦东新区社会发展局设立“浦东新区医疗机构药品采购信息中心”，要求区属43家医疗机构的药品采购必须在中心场内以公开采购信息、集中交易、货比三家、自主洽谈的方式进行，同时确定了50家药品批发企业作为中心的药品供应企业。此即为上海浦东新区的“进场采购模式”。此后相继有辽宁、四川、浙江、山东、福建等地进行了药品集中采购或联合采购的探索
1999年	国务院经济体制改革办公室在《关于药品集中招标采购问题的情况汇报》中，首次提出了药品集中招标采购的概念
2000年	国家先后出台了关于城镇医药卫生体制改革的指导意见》（国办发〔2000〕16号）、《医疗机构药品集中招标采购试点工作若干规定》（卫规财发〔2000〕232号）等文件，提出了药品集中招标采购的基本框架；同年7月，卫生部等五部委发布安排在河南省、海南省、厦门市和辽宁省省直单位开展药品集中招标采购试点工作

（续表）

年份	相关政策
2001年	《医疗机构药品集中采购工作规范（试行）》（卫规财发〔2001〕308号）和《医疗机构药品集中招标采购和集中议价采购文件范本（试行）》（卫规财发〔2001〕309号）发布实施，标志着国内药品集中招标采购政策框架、工作规范和评标体系基本形成，宣告了药品集中招标采购在全国县级以上公立医疗机构正式全面推开
2004年	卫生部等六部委联合下发《关于进一步规范医疗机构药品集中招标采购的若干规定》（卫规财发〔2004〕320号），明确了药品集中招标采购必须坚持下去，把降低药品价格和降低患者用药负担作为政策目标
2004—2017年	四川省、上海市、广东省、重庆市、福建省三明市等地开始探索药品集中采购方案并试行

2018年11月14日，习近平主持召开中央全面深化改革委员会第五次会议，审定通过了《国家组织药品集中采购试点方案》。会议指出，国家组织药品集中采购试点，目的是探索完善药品集中采购机制和市场为主导的药价形成机制，降低群众药费负担，规范药品流通秩序，提高群众用药安全。11月15日，“4+7”试点城市同时挂网链接，发布采购公告；12月6日，开展谈判工作；12月17日，11个试点城市药品集中采购正式中选结果发布，共有25个药品中选，所有中选品种均为通过与原研药一致性评价的药品，中选价平均降幅52%，最大降幅超过90%。

2019年1月，根据《国务院办公厅关于印发国家组织药品集中采购和使用试点方案的通知》的工作要求，按照“国家组织、联盟采购、平台操作”的总体思路，选择北京、天津、上海、重庆和沈阳、大连、厦门、广州、深圳、成都、西安11个城市开展部分医保药品集中采购试点工作。国家“4+7”集中采购结果公布之后，为顺利推进“4+7”国家药品集中采购政策落地执行，各地相继出台制定相关执行文件及相关医疗保险配套措施。2019年2月28日，国家医疗保障局发布《国家医疗保障局关于国家组织药品集中采购和使用试点医保配套措施的意见》，意见指出要落实医保基金预付政策，做好医保支付标准与采购价的协同、完善医保支付方式，鼓励使用集中采购药品、建立医院集中采购考核机制。2019年3月5日，国家医保局下发《关于国家组织药品集中采购和使用试点医保配套措施的意见》，文件明确将“4+7”集中采购中选价作为医保支付标准，超出部分患者自负。2019年9月30日，国家医疗保障局等9部门印发了《关于国家组织药品集中采购和使用试点扩大区域范围实施意见》（医保发〔2019〕56号），要求将带量采购范围扩展到全国。2019年11月29日，国务院深化医药卫生体制改革领导小组发布《关于以药品集中采购和使用为突破口，进一步深化医药卫生体制改革的若干政策措施》，要求各地各有关部门要抓住改革契机，以药品集中采购和使用为突破口，总结改革经验，促进医疗、医保、医药联动，放大改革效应，更好地推动解决群众看病就医问题。国务院深化医药卫生体制改革领导小组印发的《关于进一步推广福建省和三明市深化医药卫生体制改革经验的通知》（国医改发〔2019〕2号）规定在2019年12月底前，各省份要全面执行国家组织药品集中采购和使用改革试点25种药品的采购和使用政策。2020年，按照国家统一部署，扩大国家组织集中采购和使用药品品种范围。

三 试点准则

（一）工作原则

1. 坚持以人民为中心，保障临床用药需求，切实减轻患者负担，确保药品质量及供应。

2. 坚持依法合规，严格执行相关政策规定，确保专项采购工作程序公开透明，全程接受各方监督。

3. 坚持市场机制和政府作用相结合，既尊重以市场为主导的药品价格形成机制，又更好地发挥政府搭平台、促对接、保供应、强监管的作用。

4. 坚持平稳过渡、妥当衔接。

（二）组织形式和总体思路

1. 国家组织。即由国家医疗保障局、国家卫生健康委、国家药监局等国家有关部门成立国家试点工作小组及其办公室，拟定基本政策、范围和要求，发挥组织协调的作用，推动试点城市形成联盟。

2. 联盟采购。以试点的11个城市公立医疗机构为集中采购主体，组成采购联盟，各试点城市委派代表组成联合采购办公室，集合需求和力量，提高谈判议价能力。

3. 平台操作。试点地区药品集中采购机构和公立医疗机构委托上海市医药集中招标采购事务管理所及其阳光采购平台，承担具体集中采购工作，提高集中采购的专业能力和水平。

（三）顶层设计

针对既往药品集中采购制度存在的突出问题，本次试点在方案设计上强调了如下若干原则。

1. 坚持质量标准。本次集中采购药品的质量入围资格以通过一致性评价为质量托底要求，实现用药质量的提升，同时也避免在竞争中出现“劣币驱逐良币”现象。

2. 坚持带量采购。这是本次集中采购试点最大的亮点。联合采购办公室汇总了11个试点城市的用药数量，在采购公告中明确了每个品种的采购量，给药品生产企业明确的预期，有利于其根据采购量自主报价申报，杜绝“带金销售”现象。

3. 坚持公平竞争。本次集中采购试点给予通过一致性评价的仿制药与原研药公平竞争的机会，有利于强化竞争，促进仿制药替代，推动“专利悬崖”实现。

4. 坚持联盟采购。

（四）激励约束机制

各级管理部门按职责对医疗机构落实国家集中采购药品使用情况进行指导和监督、考核，依托国家药品使用监测系统加强集中采购药品使用监测，将中选药品使用情况纳入医疗机构和医务人员绩效考核；在对公立医院改革的奖补资金中予以倾斜；对于不能及时按要求配备或采购量不足、影响患者用药需求的，将在医疗机构等级评审、医疗机构负责人目标责任考核中作出相应处理，对医疗机构采取通报批评、限期整改、考核和评价不合格等措施。

（五）医保支付标准

根据《国家组织药品集中采购和使用试点方案》要求，对于集中采购的药品，在医保目录范围内的以集中采购价格作为医保支付标准，原则上对同一通用名下的原研药、参比制剂、通过一致性评价的仿制药，医保基金按相同的支付标准进行结算。患者使用价格高于支付标准的药品，超出支付标准的部分由患者自付，如患者使用的药品价格与中选药品集中采购价格差异较大，可渐进调整支付标准，在2～3年内调整到位，并制定配套政策措施；患者使用价格低于支付标准的药品，按实际价格支付。在保障质量和供应的基础上，引导医疗机构和患者形成合理的用药习惯。

四 带量采购优势

带量采购最直接的优势是使药物价格大幅下降。带量采购有确定的商品数量要求，可以给药品企业明确的销售承诺和预期，方便企业安排生产和销售，控制成本，从而可以给出更优惠的价格，让患者获得更多收益。带量的同时意味着该批量药品供应企业的确定性，并且确保采购结果落实。实施带量采购意味着通过招投标可以直接签署购销合同，实现招采合一，消除灰色空间。带量采购的议价机制可以有效消除二次议价空间，规范评标专家的行为，促进评标过程的规范化。

五 药品范围

文件涉药品种是根据已批准通过国家药品监督管理局仿制

药质量和疗效一致性评价目录和按国家食品药品监督管理总局制定的《关于发布化学药品注册分类改革工作方案的公告》〔2016年第51号〕化学药品新注册分类批准的仿制药品目录，经联合采购办公室会议通过以及咨询专家，从而确定的（不包括中草药、中成药、生物制剂等）。

按照联合采购程序，第一轮最终产生中选药品25个，包括22个仿制药和3个原研药（中选药品见表1-2）。本次25个中选药品价格平均降幅52%，最高降幅96%，降价效果明显。原研药吉非替尼片降价76%，福辛普利钠片降价68%，与周边国家和地区相比低25%以上。

表1-2　25个中选药品目录

<table>
<tr><th>序号</th><th>药品通用名</th><th>规格包装</th><th>生产企业</th><th>中选价/元</th></tr>
<tr><td rowspan="2">1</td><td>阿托伐他汀钙</td><td>20 mg × 7片</td><td>北京嘉林药业股份有限公司</td><td>6.60</td></tr>
<tr><td>阿托伐他汀钙</td><td>10 mg × 7片</td><td>北京嘉林药业股份有限公司</td><td>3.88</td></tr>
<tr><td rowspan="2">2</td><td>瑞舒伐他汀钙</td><td>10 mg × 28片</td><td>浙江京新药业股份有限公司</td><td>21.80</td></tr>
<tr><td>瑞舒伐他汀钙</td><td>5 mg × 28片</td><td>浙江京新药业股份有限公司</td><td>12.82</td></tr>
<tr><td rowspan="2">3</td><td>硫酸氢氯吡格雷片</td><td>75 mg × 7片</td><td>深圳信立泰药业股份有限公司</td><td>22.26</td></tr>
<tr><td>硫酸氢氯吡格雷片</td><td>25 mg × 20片</td><td>深圳信立泰药业股份有限公司</td><td>26.40</td></tr>
</table>

（续表）

序号	药品通用名	规格包装	生产企业	中选价/元
4	厄贝沙坦片	75 mg × 28片	浙江华海药业股份有限公司	5.66
	厄贝沙坦片	75 mg × 42片	浙江华海药业股份有限公司	8.37
5	苯磺酸氨氯地平片	5 mg × 28片	浙江京新药业股份有限公司	4.16
6	福辛普利钠片	10 mg × 14片	中美上海施贵宝制药有限公司	11.80
7	厄贝沙坦氢氯噻嗪片	（150 mg+12.5 mg）× 14片	浙江华海药业股份有限公司	15.26
	厄贝沙坦氢氯噻嗪片	（150 mg+12.5 mg）× 28片	浙江华海药业股份有限公司	29.76
8	赖诺普利片	10 mg × 28片	浙江华海药业股份有限公司	6.45
9	氯沙坦钾片	50 mg × 14片	浙江华海药业股份有限公司	14.7
	氯沙坦钾片	50 mg × 7片	浙江华海药业股份有限公司	7.54
	氯沙坦钾片	100 mg × 14片	浙江华海药业股份有限公司	24.99
	氯沙坦钾片	100 mg × 7片	浙江华海药业股份有限公司	12.82
10	马来酸依那普利片	10 mg × 16片	扬子江药业集团江苏制药股份有限公司	8.93
	马来酸依那普利片	5 mg × 16片	扬子江药业集团江苏制药股份有限公司	5.25

（续表）

序号	药品通用名	规格包装	生产企业	中选价/元
11	草酸艾司西酞普兰片	10 mg×7片	四川科伦药业股份有限公司	30.94
	草酸艾司西酞普兰片	10 mg×10片	四川科伦药业股份有限公司	43.63
	草酸艾司西酞普兰片	10 mg×14片	四川科伦药业股份有限公司	60.33
12	盐酸帕罗西汀片	20 mg×20片	浙江华海药业股份有限公司	33.40
	盐酸帕罗西汀片	20 mg×14片	浙江华海药业股份有限公司	23.69
13	奥氮平片	10 mg×7片	江苏豪森药业集团有限公司	67.51
	奥氮平片	5 mg×14片	江苏豪森药业集团有限公司	77.44
14	利培酮片	1 mg×60片	浙江华海药业股份有限公司	10.02
15	左乙拉西坦片	250 mg×30片	浙江京新药业股份有限公司	72.00
16	头孢呋辛酯片	0.25g×12片	成都倍特药业有限公司	6.16
	头孢呋辛酯片	0.25g×6片	成都倍特药业有限公司	3.16
17	吉非替尼片	250 mg×10片	AstraZenecaAB	547.00
18	甲磺酸伊马替尼片	100 mg×60片	江苏豪森药业集团有限公司	623.82
19	恩替卡韦分散片	0.5 mg×28片	正大天晴药业集团股份有限公司	17.36

（续表）

序号	药品通用名	规格包装	生产企业	中选价/元
20	富马酸替诺福韦二吡呋酯片	300 mg × 30片	成都倍特药业有限公司	17.72
	富马酸替诺福韦二吡呋酯片	300 mg × 10片	成都倍特药业有限公司	6.15
21	孟鲁司特钠片	10 mg × 5片	上海安必生制药技术有限公司	19.38
22	蒙脱石散	3 g × 15 袋	海南先声药业有限公司	10.20
	蒙脱石散	3 g × 10 袋	海南先声药业有限公司	6.80
23	注射用培美曲塞二钠	500 mg/支	四川汇宇制药有限公司	2 776.97
	注射用培美曲塞二钠	100 mg/支	四川汇宇制药有限公司	810.00
24	氟比洛芬酯注射液	（5 ml：50 mg）×5支	北京泰德制药股份有限公司	109.75
25	盐酸右美托咪定注射液	（2 ml：0.2 mg）×4支	扬子江药业集团有限公司	532.00

六 政策实际效果

1．试点药品降价明显，患者个人负担明显下降。

31个试点通用名药品有25个集中采购拟中选，成功率81%。其中：通过一致性评价的仿制药22个，占88%，原研药3个，占12%，仿制药替代效应显现。与试点城市2017年同种药品最低采购价相比，拟中选价平均降幅52%，最高降幅90%以上，降价效果明显。原研药吉非替尼片降价76%，福辛普利钠片降价68%，与周边国家和地区相比低25%以上，"专利悬崖"显现，25种药品具体降价幅度见下图1-1。使用中选药品患者个人负担明显降低，老百姓获益。

2. 提供多种选择，按病情需要供患者使用。

医疗机构应优先使用中选药品，对中选药品带量采购，确

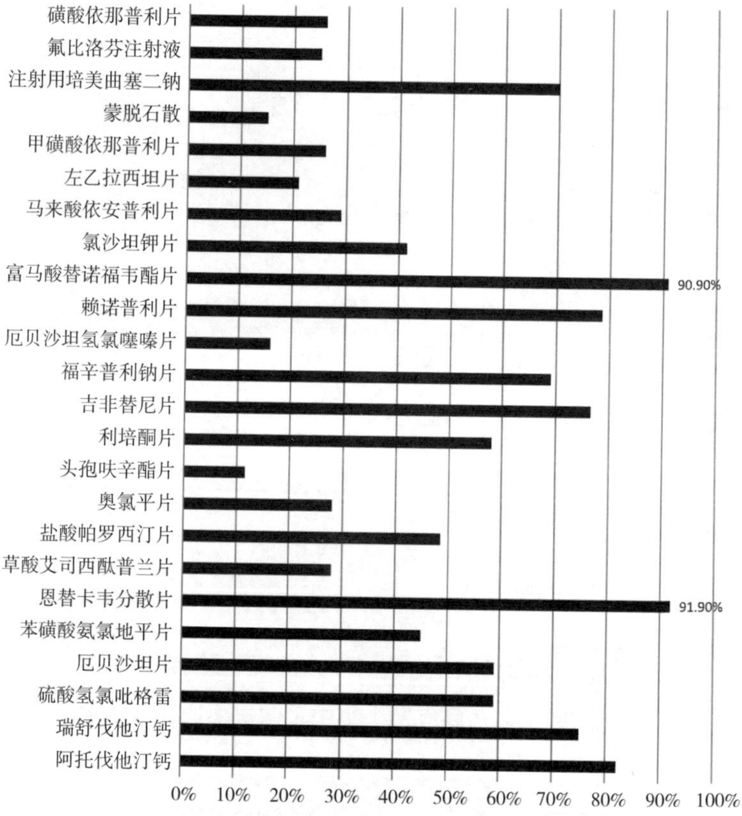

图1-1 "4+7"带量采购中标产品价格下降幅度

保用量。同时，兼顾临床不同用药需求，采购其他价格适宜的挂网品种，确保因病开药，有充分的选择。

七 医疗机构实施要点

医疗机构要紧抓重点环节，强化责任意识，逐一落实各项措施。

1. 畅通优先使用中选药品的政策通道，将中选药品纳入医疗机构的药品处方集和基本用药供应目录。

2. 加强医务人员教育培训，把医务人员培训作为一项重点工作来抓，做到人员全覆盖，切实把思想和行动统一到中央的决策部署上来。

3. 提高中选药品的合理使用水平，结合本机构中选药品使用情况“一药一策”逐个分析，对换药风险较高的特殊人群，要有详细的延续或替换方案。加强处方审核和处方点评，充分发挥临床药师作用，保障患者用药安全。

4. 做好中选药品临床使用情况监测，科学评估本院中选药品使用情况，重点关注货源稳定性，做好临床使用的监测评价。

5. 加强医患沟通，保障患者医疗安全。严格执行医疗质量安全核心制度。通过门诊、住院、慢病管理、药物咨询等就医过程，在尊重患者意愿的前提下，引导患者积极使用中选药品。

6. 严肃纪律狠抓行风建设，加强全面从严治党，切实履行行风建设的主体责任，提前做好警示教育工作。强化高价替代药品的使用监控，做好跟踪管理和干预。

第四节

上海及广州“4+7”药品带量采购试点实践梳理

一 上海

上海市从2012年就开始着手准备药品带量采购工作。2014年12月，上海市医药集中招标采购事务管理所发布《上海市医疗机构集中带量招标采购公告》，由此开启了上海市第一批药品集中带量招标采购，此后分别在2016年和2018年组织实施了第二批和第三批集中带量招标采购（表1–3）。

表1–3　上海市三批药品集中带量采购情况

项目	第一批	第二批	第三批
中标品种	3品种	6品种	18品种
启动时间	2014.12.22	2015.12.31	2018.01.03
执行时间	2015.06.01	2016.11.01	2018.09.01
采购周期	12个月	12个月	12个月

（续表）

项目	第一批	第二批	第三批
入围标准	超过15项评审项目，综合质量入围企业中，选取最低价者中标	超过15项评审项目，分A、B两个片区，综合质量入围企业中，最低价者优先选择片区，其余企业依次询价，愿意降至最低价者获得另一片区，否则原最低价者获得全部采购量	超过15项评审项目，综合质量入围企业中，选取最低价者中标
未中标品种	原本市中标药品和带量采购招标质量入围药品，如愿调价到不高于带量采购中标价格的，可以在医疗机构销售，否则只能在药店销售	同第一批规定	原本市中标药品和带量采购招标质量入围药品，如未获带量采购中标资格，也可在医疗机构销售，但数量不得超过中标品种（未限制价格，只限制销量）

（资料来源：上海市阳光医药采购网、国海证券研究所）

前三批带量采购的平均降幅分别是第一批64%、第二批53%、第三批54%。从上海前三批中标企业的情况来看，进口药替代过程迅速。前三批中，除了外资仿制药企业Sandoz的比索洛尔中标外，其余均为国产仿制药企业中标。

2019年2月19日，上海印发《关于本市做好国家组织药品集中采购和使用试点有关工作的通知》（沪医保价采〔2019〕3号文），明确3月20日起实施。要求独家配送，三方签订合同后设立专项账户分三次，按50%、45%、5%的进度付款，医疗机构每月15日前付清当月货款。未中选品种采购量不得超过中选品种，实施梯度降价，并且提高其自付比例10%~20%。

上海市的带量采购主要创新点如下。

（1）引入第三方。以上海医健卫生事务服务中心（非营利组织）作为第三方中介，负责GPO组织实施。

（2）组建联盟。上海市带量采购的首批会员包括5家三甲医院和6个区属医疗机构。

（3）二次议价。以上海市中标药品为遴选基础，按品种分批与供货企业进行价格谈判，实质是对上海市中标药品的二次议价。

（4）统一交易。上海市的带量采购都在上海市平台上进行。

上海市医保局相关负责人透露，截至2019年11月底，上海市中选品种采购总数量5.76亿片，采购总金额8.04亿元，占同品种药品采购总数量的89%，执行结果好于预期，患者用药费用负担显著降低。

二 广州

（一）采购进展

2018年8月，《广州医疗机构药品集团采购试行办法》公布，标志着广州带量采购的开始。2018年12月29日，广州GPO公布了首批集团谈判药品目录，氯吡格雷、阿托伐他汀等20个药品被纳入。2019年年初，广州公布第二批医保集团谈判目录，50种药品被纳入。2019年4月1日发布《广州正式实施国家组织药品集中采购和使用试点工作》，广州第三批医保集团谈判品种中涉及23个“4+7”集中采购落选厂家品种。

（二）支付标准

《广州市医疗保障局关于明确国家组织集中采购药品医保支付标准的通知》（穗医保规字〔2019〕2号）规定，参保人员在市内社会医疗保险定点医疗机构使用国家采购品种药品发生的符合规定的药品费用，按以下标准纳入社会医疗保险统筹基金支付范围：

（1）国家采购中选药品以中选价格（与中选药品不同规格的，按差比价折算价格）作为医保支付标准。

（2）国家采购非中选药品2018年底价格为中选价格2倍以上的，以2018年底价格的70%作为医保支付标准；2018年底价格在中选价格和中选价格2倍以内（含2倍）的，以中选价格作为医保支付标准。

（3）未通过一致性评价的仿制药，其医保支付标准不高于中选药品价格。

（4）国家采购药品的实际价格低于中选价格的，按实际价格作为医保支付标准；超出医保支付标准的药品费用，由参保人员自行承担。

（三）采购方式

广州医疗机构药品集团采购的方式如表1-4所示。

表1-4　广州医疗机构药品集团采购方式

采购方式	具体内容
直接挂网采购	国家及省谈判目录药品，国家定点生产目录药品，当期采购周期内新通过质量和疗效一致性评价的药品等，医疗机构通过广州药品集团采购平台直接采购
按规定采购	医疗用毒性药品、放射性药品、麻醉药品、第一类精神药品，防治传染病和寄生虫病的免费用药、国家免疫规划疫苗、计划生育药品等按国家规定采购
议价挂网采购	妇儿专科非专利药品、急（抢）救药品、基础输液、低价药品、第二类精神药品、临床必需且采购困难目录药品，由医疗机构委托通过医保经办机构公开招标产生的药品经营企业开展集中议价，并按规定直接采购；也可由医疗机构自主或联合开展集中议价挂网交易
医保谈判采购	符合有关要求的药品，由医保经办机构组织开展集团谈判，医疗机构按谈判结果通过广州药品集团采购平台采购
竞价采购	除前述药品和按其他有关规定确定的采购方式，其余按药品集团采购目录列明的通用名、剂型分组、规格并结合质量层次，进行竞价交易，医疗机构按竞价结果通过广州药品集团采购平台采购

（四）入市价规则

广州药品集团采购平台低价药品以西药≤3元、中成药≤5元的日均费用标准（国家另有标准从其标准）、广东省第三方药品交易平台最近一个采购周期最低成交价、广州药品集团采购平台上一个采购周期成交价三者之间的低值作为入市价，除低价药品、临床必需且采购困难药品以外的其他议价品种以全国最低省级中标价为入市价。医疗机构实际采购量不得少于上报计划采购量的80%。合同约定采购量确无法满足临床需要的，可与生产企业追加合同，但追加量不得超过原合同量的10%。若未完成约定采购量的，延长执行合同的时间不应超过3个月。

（五）实际效果

据广州市卫生健康委员会统计数据，广州GPO平台自去年底试运行以来，与广州2017年公立医疗机构综合改革之前相比，药品总体降费幅度超25%；广州GPO平台挂网药品已达13 000余种，医疗机构签订采购合同金额近300亿元。第一批药品价格平均降幅64%，第二批、第三批分别是53%和54%。

2019年11月25日，广州市医保局、佛山市医保局和广州公共资源交易中心共同签署了广佛药品跨区域联合集团采购框架协议，佛山市加入广州药品集团采购（简称广州GPO）平台，联合开展药品集团采购。这次两市在药品采购方面强强联合，结成药品跨区域采购联盟，有望通过带量采购、量价挂钩，形成规模团购效应，以量换价促进药价实质性降低，进一步增强药品（特别是短缺药）供应保障能力，确保药品稳定供应和质量安全，减轻人民群众用药费用负担。

2019年12月6日，第三轮药品带量采购工作座谈会在上海召开。新一轮的集中采购政策在前两轮的基础上，又进行了部分规则的调整。采购的药品品种从前两轮的25个增加到了35个，其中纳入新一轮集中采购的品种中不少是高血压病、糖尿病的用药。

（本章撰写刘菊娥、曾英彤、夏锋、杨坚、覃德清、赵宇）

Part

第二章

基于MDT模式落实医院药品带量采购

第一节

基本目标及工作思路

一 医院落实药品带量采购的目标及工作思路

针对“4+7”国家集中带量采购相关政策，11个城市的各个医院都制定了相应的详细执行措施。虽然不同医院的具体应对措施各有差异，但都是以保障中选药品任务量的完成为目标。

能够进入带量采购目录的药品品种，都是经过一致性评价的，并且在价格上具有较大优势，因此，医院在落实药品带量采购政策应当以保障医疗质量安全和药品疗效为前提，用价格较低的药品实现同等价值的诊疗服务。

为落实我院“4+7”药品集中采购工作，根据国家及省相关文件要求，我院做了大量前期准备工作。早在2018年12月中选药品出台后，医务处就联合药学部门对政策进行了深刻解读与学习，对未来我院实行的具体方案进行了初步讨论。2019年1月初，医务处、药学部、医保处召开部门联席会议，针对公布的25个中选药品进行种类梳理，对相关中选药品在我院的使用量分布和备货情况进行一对一分析，就供货保障、政策应对等问题进行讨论。

经过前期筹划和组织，我院明确了MDT模式下大数据落实药品带量采购的总体工作思路（图2–1）。

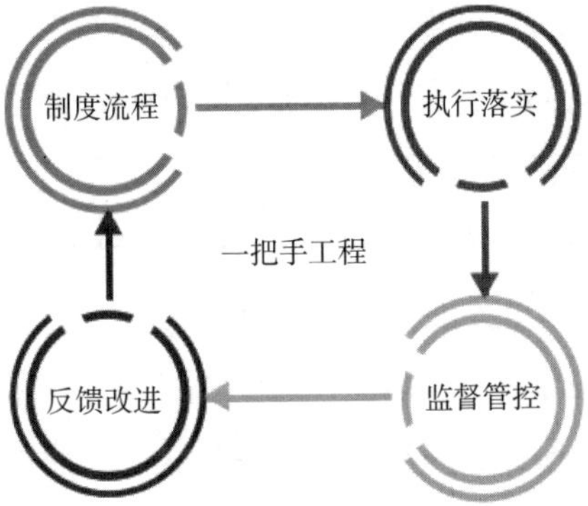

图2–1　我院“4+7”带量采购工作思路

1. 医院高度重视，“一把手工程”。积极响应国家政策，院领导高度重视，将落实药品带量采购定位成“一把手工程”，并由分管医疗、医保和药学的副院长亲自主导。2019年1月17日，国家药品集中采购试点方案正式出台后，我院即刻在院长办公会和党委办公会上先后讨论通过“4+7”带量采购政策的落实方案，在主导副院长的指示下，联合医务、药学、医保、信息、纪检和临床科室等部门成立专项MDT工作小组，多部门联动，齐抓共管。MDT小组的工作进度、带量采购任务落实情况及时向院领导班子和医院党委汇报。

2. 制订方案与流程。由医务、药学、医保、信息、纪检等职能部门与临床科室组成的专项MDT工作小组，通过共同商议与论证，探讨合理科学的执行方案。总体思路与要求如下。

（1）坚持从患者利益出发，不采取“一刀切”的做法，同时开放中选品种及非中选品种的药品。停用所有非中选品种而只开放中选品种，待完成指标量再开放非中选品种的做法，诚然是最简单易行的方式，但这是对国家政策的曲解。一方面，这种做法与政策允许有40%的非中选药品使用空间这一精神不相符；另一方面，由于医疗服务的特殊性、患者个体化差异及药物在临床使用中存在一些特殊情况，如果停用所有非中选品种，可能无法满足实际用药需求，造成患者利益的损害。

（2）畅通优先使用中选药品的政策和操作通道，鼓励引导医生优先使用中选品种。前期对全院医务人员进行全面、充分的政策解读和培训，确保各个科室、每个医生对药品带量采购政策的要求及所需完成的任务量有明确的理解；对相关电子病历系统进行功能开发和完善，引导优先使用中选药品品种，方便操作。

（3）对于不符合中选药品品种适应证的患者，要求医生在履行充分告知义务的情况下，与患者签署《关于不使用国家采购中选药品的知情同意书》，说明使用非中选药品的理由，方可使用中选品种以外的药品。为减少医生和患者的工作，规定一个采购周期（一年内）只需在第一次开非中选药品处方时签署知情同意书；对于针剂和抗肿瘤药等特殊品种，如选择非中选药品，则要求每次均需填写理由后才能选择其他非中选药品。药学部负责定期统计非中选药品使用情况并进行处方点评，保障药品使用的合理性。

（4）按月对带量采购药品品种的使用情况进行统计，指标完成进度不好的品种，则通过医院药事委员会论证研究，在确保临床需求的前提下暂时关闭部分非中选药品，完成带量采购指标后解除限制。同时，通过临床不良反应监测系统监控中选药品的疗效与安全性。

3. 落实目标任务。临床医生是药品带量采购方案的具体落实者，统计2018年度各临床科室使用“4+7”带量采购中选药品及同类药品的总量，按60%的配比将使用目标任务量落实到各科室及临床医师个人。提前对全院医务人员进行政策解读及实施方案的培训，使临床医生充分理解政策要求和目标任务。积极做好对病人的宣教和引导，在病情允许的情况下争取优先使用中标药品。

4. 全方位监管。每月进行带量采购药品品种完成进度的统计，对完成情况不佳的科室深入调查和分析，及时排查影响完成带量采购任务的因素，持续改进，确保使用量顺利完成。除了中选药品品种，同类的非中选品种一起监管。具体监管内容包括：各个科室、医生带量采购药品品种及同类药品品种的使用进度、处方合理性、药品的不良反应、医生及患者对政策执行情况的反馈等。根据定期监控和考核的结果，不达标的科室将对科主任进行谈话或公示，最终任务完成情况与科主任绩效挂钩。

5. 动态反馈持续改进。根据每月监控结果动态掌握药品带量采购任务量完成进度，并汇总医生及患者对政策执行情况的反馈、药品不良反应发生情况、不合理处方点评结果等，组织召开MDT小组工作会议，适当调整具体执行方案，使其与实际工作相适宜。

二　成立专项MDT小组推进落实

2019年2月底，我院成立了以分管医疗副院长为组长，由医务处牵头，医保处、药学部、计财处、纪检处、信息处为核心参与部门与各临床科室组成的药品带量采购MDT专项小组。国家医疗保障局《关于国家组织药品集中采购和使用试点医保配套措施的意见》出台后，MDT小组立即召开会议对相关文件精神进行了学习，并讨论如何认真贯彻执行“国家组织4+7城市药品集中采购试点方案”。会议初步明确我院2019年“4+7”药品采购量的完成方案，统计2018年度各临床科室使用“4+7”中标药品以及同类药品（非“4+7”中标药品）的总量，再按60%的配比落实到各科室，由科室主任作为责任人。本次会议还初步明确了MDT小组各部门职责与分工。

1. 医务处。

（1）作为MDT小组的牵头部门，全面组织小组各项工作，协助小组各部门稳步推进相关工作并监督落实。

（2）是医院药品带量采购MDT小组与院领导及各临床科室、医务人员之间沟通的桥梁，上传下达。

（3）组织各门诊部定期对《不使用国家采购中选药品的知情同意书》进行收集，并反馈药学部进行点评。

（4）制定全院科室指标完成考核标准，对不达标的科室主任予以扣罚管理津贴处理。

2. 药学部。

（1）根据“4+7”管控要求，列出《中选药品及类似品种药品清单》，拟定后由医务处审核。

（2）制定《不使用国家采购中选药品的知情同意书》并由医务处审核。

（3）制定针对“4+7”处方点评标准与方案，定期分析点评非中选药品处方，方案制定后由医务处审核。

（4）筹备召开医院药事委员会，决议带量采购药品入院及使用等方案。

（5）组织采购带量采购药品品种，3月底前完成计划量采购。根据中选药品使用完成情况，随时向医务处汇报，由MDT小组视情况讨论调整相关非中选药品的采购量，保证完成指标。

（6）深入临床，向医生和患者宣教，解释相关政策。

（7）统计2018年度各临床科室使用“4+7”中选药品及同类药品的总量，按60%的配比落实到各病区科室，由医务处审核。

3. 信息管理处。

（1）根据《中选药品及类似品种药品清单》，所有中选药品在开药系统中作相应标识并设置置顶。

（2）对于慢性病药品在系统嵌入《不使用国家采购中选药品的知情同意书》，如医生不选择中选类药品，系统自动弹出该同意书要求医生打印，打印后才能进行选择。该弹框提醒设置为一年一次（年度按每年4月1日起算），如该患者下次同样不选择中选类药品系统不再提示。

（3）对于精神类、抗菌药物类、消化类药品，如医生选择非中选药品，系统弹框提示医生填写理由后才能选择其他非中选药品。

（4）对于针剂和抗肿瘤药，如选择非中选药品，系统弹框提示医生填写理由后才能选择其他非中选药品，对于同一患者同一种药品，每次均需要提醒。

（5）设置“4+7”药品使用统计报表。分为行政管理报表与科室管理报表，只允许统计“4+7”药品，其他品种不提供统计。具体要求：可查询实时的用量；可统计到各个临床科室（病区）、每位医生等的任务量（指标量）、已使用量和剩余量，完成指标的百分比；可选择按月、季、年统计；可以对选择非中选药品的医生和其填写的理由进行统计；统计报表有权限设置功能，授予级别再议。

4．临床科室。

（1）参与制定医院落实药品带量采购任务的具体执行方案，根据科室以往的业务量和药品用量，将25个药品品规的具体使用任务量进行合理分配。

（2）制定本科室的药品带量采购具体执行方案，将科室任务量分配给各个医生。

（3）督促科室医生调整临床用药习惯，按规定完成中选药品任务量，向患者做好必要的解释和沟通工作。

（4）结合药学部的处方点评结果，综合临床使用经验，评估临床使用效果。

（5）定期在科室对药品带量采购任务完成情况进行总结，开展相关政策和信息系统功能的宣教和讲解，汇总实际工作中存在的问题反馈至MDT小组协调解决，持续改进。

5．纪检监察处。

每月公示“4+7”药品使用情况，对于未达标科室或个人予以谈话、警告或处罚。

6．社保处。

负责探索医保支付标准与采购价协同，协助各相关部门和临床科室解决落实执行“4+7”药品使用过程中遇到的问题。

7．计财处。

细化“4+7”药品财务管理，加强内部控制建设，规范采购及结算行为，做好药品预付款的结算及资金管理。

第二节

MDT小组的具体管理举措及成效

我院积极响应并高度重视国家实行的“4+7”带量采购政策，主管院领导亲自负责指导政策的执行。在院领导带领下，医务、药学、医保、信息、纪检等多部门齐抓共管，制定详细政策执行方案，保障落实到位。

一　医务管理

医务处是带量采购MDT小组的牵头部门，定期组织各部门召开联席会，并且作为MDT小组工作的跟进落实部门，追踪各项决议的推进，保障各项工作如期开展与落实，是MDT小组运转的中枢。除此以外，还承担以下具体事项。

1. 组织各门诊部定期对《不使用国家采购中选药品的知情同意书》进行收集，并反馈药学部进行点评。

2. 制定考核标准，不达标的科室将对科主任予以扣罚管理津贴处理。

3. 联合人事处向药学部提供处方医生对口科室花名册及负

责各病区的主任名册。

4. 收集患者意见，定期反馈。

在带量采购MDT小组的运行过程中，医务处从患者角度出发，提出了不同类型药品分类管控思路，并督促信息处根据不同类型药品的管控方案开发相应的信息模块。针对完成情况不好的药品品种，组织协调药学部、院感科等相关部门到相应的临床科室座谈宣教，向科室解读分析其目前存在的问题，并与科室负责人协商解决。

二 药学管理

（一）事前筹备阶段

1. 根据“4+7”管控要求，列出《中选药品及类似品种药品清单》。

中选药品及类似品种药品清单制定方法：我院“4+7”药品共23个品种25品规。以阿托伐他汀钙片为例，“4+7”城市药品集中采购中选后供应25个品种，共43个品规。其中已上报2019年预计采购数量为0的品规12个（原则上可不采购，一旦采购，中选厂家采购量应占总采购量的60%）。剩余31个品规中，需完成已上报2019年预计采购数量的品规23个（同通用名同规格，不同包装规格采购1个）。其中我院在用厂家与中选厂家一致的品种7个。

对策：凡开他汀类药物处方（医嘱）时，信息提示优先使用中标药品；若选择非中标药品则需要填写不使用中标品种的理由；使用多的科室按2018年使用率分配指标；现有国产非中标品种和原研品种均保留在目录；任务指标交科室主任执行；信息系统实现使用监控功能，实时报使用达标情况给科室主任；药品品种需药事委员会通过方可纳入目录。

专科讨论问题：

（1）如何确定指标分配科室：根据2018年使用量（含住院与门诊）总表，“4+7”品规占比前5位的药品基本集中在门诊，科室的指标分配主要依据用药占比程度。

（2）管控范围：是否包含他汀类等通用名？若包含上述通用名，指标确定考虑到他汀类规格、剂量、价格各不相同，建议以使用比例作为量的指标。

对于同一通用名他汀类调制药物，基本上认定可以完全代替使用，而其他同类品种不同通用名，不同的药品具有各自药学特点与个性化差异，根据调制药物治疗指南的推荐，部分情况下是可以替代的。

基于上述思路将中选药品阿托伐他汀钙及类似品种药品清单（表2-1）制定如下：阿托伐他汀钙（20 mg×7片）的中选药品由北京嘉林药业股份有限公司生产。我院目录内同一通用名同规格品种的非中选药品有两个，分别是原研的辉瑞制药有限公司阿托伐他汀钙片（20 mg×7片）和广东百科制药有限公司阿托伐他汀钙分散片（20 mg×7片）。

目录内其他同类品种6个（不包含瑞舒伐他汀）：杭州默沙东制药有限公司辛伐他汀片（40 mg×5片），广州南新制药有限公司辛伐他汀分散片（10 mg×14片），第一三共制药（上海）有限公司普伐他汀钠片（40 mg×7片），北京诺华制药有限公司氟伐他汀钠缓释片（80 mg×7片），浙江京新药业匹伐他汀钙分散片（2 mg×6片）、依折麦布片（10 mg）。

表2-1 阿托伐他汀钙片中选药品及类似品种药品清单

药品品种	药品通用名	剂型	规格包装	生产企业
中选药品	阿托伐他汀钙片	片剂	20 mg×7片	北京嘉林药业股份有限公司
我院目录内同规格品种	阿托伐他汀钙片	片剂	20 mg×7片	辉瑞制药有限公司
	阿托伐他汀钙分散片	片剂	20 mg×7片	广东百科制药有限公司
目录内其他同类品种	辛伐他汀片	片剂	40 mg×5片	杭州默沙东制药有限公司
	辛伐他汀分散片	片剂	10 mg×14片	广州南新制药有限公司
	普伐他汀钠片	片剂	40 mg×7片	第一三共制药（上海）有限公司
	氟伐他汀钠缓释片	片剂	80 mg×7片	北京诺华制药有限公司
	匹伐他汀钙分散片	片剂	2 mg×6片	浙江京新药业

浙江京新药业股份有限公司的瑞舒伐他汀钙片有两个规格，一个是5 mg×28片，目录中无该规格；另一个是10 mg×28片。我院目录内的品规是阿斯利康制药有限公司瑞舒伐他汀钙片（10 mg×7片）。目录内其他同类品种：辛伐他汀片40 mg、辛伐他汀分散片10 mg、普伐他汀钠片40 mg、瑞舒伐他汀钙片10 mg、氟伐他汀钠缓释片80 mg、匹伐他汀钙分散片2 mg、依折麦布片10 mg。

2．中标品种药物使用特点分析。

对“4+7”中标品种药物的特点分析，根据药物使用特点进行个体化管理对策，做到“对症下药”，分类管理。如何确保我院的任务完成，同时不造成患者频繁换药?

（1）慢病用药。慢性病长期用药，以门诊用药为主，多为口服，使用特点是多种同类品，多科室使用，这类药物的管理富有挑战性。①调脂药物：中标调脂药物阿托伐他汀钙片、瑞舒伐他汀钙片，不但有同通用名的现用国产和原研品，还有非中标的多种同类品，如辛伐他汀分散片，普伐他汀钠片，氟伐他汀钠缓释片，匹伐他汀钙分散片等。②降压药物：血管紧张素转换酶抑制剂及血管紧张素受体抑制剂，中标药品氯沙坦钾片、厄贝沙坦、厄贝沙坦氢氯噻嗪片、福辛福利片，非中标药品缬沙坦胶囊、替米沙坦片、坎地沙坦酯片、氯沙坦钾氢氯噻嗪片缬沙坦氢氯噻嗪分散片等。③钙离子阻断剂：氨氯地平。使用科室多且分散的专科用药：相对同类品种少，如氯吡格雷片，中标品就是在用品，但是存在进口的波立维和替格瑞洛片（倍林达）。使用科室集中的专科用药：乙肝及HIV用药恩替卡韦分散片、富马酸替诺福韦二吡呋酯片。④抗癫痫药：左乙拉西坦片使用科室主要是神经科和儿科，抗抑郁药等精神科用药科室主要是神经科与精神研究所相关科室。孟鲁司特钠片是用于哮喘的预防和长期治疗以及减轻季节性过敏性鼻炎引起的症状的药物。

（2）非慢病用药。有的用药科室病种比较固定，虽然有替代品，但使用科室和患者群较固定。①麻醉科用药：盐酸右美托咪定注射液。②抗肿瘤用药：甲磺酸伊马替尼片、注射用培美曲塞二钠、吉非替尼片等。③镇痛药：氟比洛芬酯注射液使用科室为外科病区、麻醉科为主。④蒙脱石散是止泻药物；头孢呋辛片是抗菌药物，使用科室非常广泛。

基于上述分析，列出同一通用名药物作为“基本能代替品种”，列出类似品种作为同一类药物“部分能代替品种”，在药品标识上提示。

3．制定《不使用国家采购中选药品的告知书》。

药学部制定《不使用国家采购中选药品的告知书》目的是便于临床医师使用“4+7”药品时对患者的基本告知及医师选用非中选药品时填写理由（图2-2）。

由国家组织北京、天津、上海、重庆和沈阳、大连、厦门、广州、深圳、成都、西安等11个城市公立医院进行药品集中采购试点工作，对中选药品实施带量采购，医疗机构按规定优先被用中选药品，实现药价明显降低，减轻患者药费负担。

广州地区自4月1日起实施，有效期一年。

一、医师告知患者的内容：

1. 质量与疗效：中选药品已通过仿制药一致性评价，其质量和疗效是和原研药基本一致的。

2. 支付标准：（1）中等药品的平均中选价格至少降低了一半。

（2）广州市医保患者按广州市医保相关规定按比例支付，超出医保支付标准的药品费用，由参保人员部分或全部承担。

3. 临床使用优先：临床上优先使用中选药品，有利于降低您的用药支出，节约医疗费用。

一、选 用非中选药品（包括原研药、国产）的理由（医师勾选）

1. 医疗因素：□药物过敏。□药物不良反应。□非药物适用人群。

□与患者个体化不适用的情况（适应证、剂量、剂型、用法用量）；

2. 其他（ ）。

我确认已向患者解释了本药品的详细情况，包括其权利以及可能的受益和风险。

医师签名：__________

日期：____年____月____日

图2-2 不使用国家采购中选药品的告知书

4．根据我院药事会管理规定，2019年3月召开医院药事委员会，通过“4+7”药品（品种和品规）入院的议程。之后即刻组织采购“4+7”药品，2019年3月31日前完成计划量采购。根据中选药品使用完成情况，随时调整相关非中选药品的采购量，保证完成指标量。统计2018年度各临床科室使用“4+7”中选药品及同类药品的总量，按60%的配比将指标落实到各病区科室。

5．药学部负责派临床药师深入临床科室调研，组织科室专题会议，向医生解析相关政策。

（二）科室指标的制定方法

按照医院管理结构，科室（病区）是每位医师绩效考核的部门，实行科室（病区）主任负责制。将指标任务按2018年各科实际用量，按比例分解给各临床二级科主任和病区主任。

具体分配公式及相关指标如下：

月指标量 = 2019年预计采购数量（片/支）× 60% ×指标分配比/12个月

指标分配比 = 2018年科室使用量/同期全院使用量× 100%

指标完成率 = 当月科室用量/月指标量× 100%

中选药品使用占比 = 当月中选品种用量/当月同一品规非中选品种用量

全院二级科室和病区指标分配比例计算完成之后，占比低于1% 的科室和病区原则上不计算指标。对于使用科室比较集中的药物（主要是神经科用药、肿瘤用药、麻醉科或手术用药等），只统计使用比例较高的二级科室和病区，下达任务指标。使用科室比较分散的药物，如调脂药物、降压药物等，统计使用比例大于1%的二级科室和\或病区下达任务指标。

（三）执行过程中的监管与分析工作

1．指标的分配与下达。药学部统计2018年度各临床科室使用“4+7”中标药品及同类药品（非“4+7”中标药品）的总量，再按60%的配比作为各病区科室的指标。医务处下达指标到各个临床病区。指标计算公式如下：

指标量＝2019年预计采购数量（片/支）× 60% ×指标分配比/12个月

指标分配比＝2018年科室使用量/同期全院使用量× 100%

指标完成率＝当月科室用量/月指标量× 100%

中选药品使用占比＝当月中选品种用量/当月同一品规非中选品种用量

2．指标的落实与执行。采购指标落实到各个临床科室（病区），实行科（病区）主任负责制，利用信息系统配合管理。

（1）“4+7”药品使用统计报表：分为行政管理报表与科室管理报表，可统计到各个临床科室（病区）、每位医生的任务量（指标量）、已使用量和剩余量，完成指标的百分比，可选择按月、按年统计。

（2）统计报表有权限设置功能。科室（病区）主任只限于查询管理本科室（病区）所属医生的任务量（指标量）、已使用量和剩余量，完成指标的百分比，可选择按月、按年统计。

3．指标的分析与监管。药学部按月统计“4+7”中标药品各科室（病区）完成情况。没完成任务的科室（病区）由医务处、医保处、纪检处负责约谈和扣罚。纪检处每月公示未达标情况。

4．案例。国家“4+7”药品集中招标采购政策是一项利国利民的好政策，我院执行“4+7”政策的宗旨是在保障医疗质量与安全前提下，人性化地执行“4+7”政策管理方案，没有采取简单粗暴的“停药、断药的方式”来完成采购量。从4月、5月、6月份数据来看，总体完成情况良好，只有帕罗西汀及左乙拉西坦（指标完成率分别为57.86%、17.13%）未达标。主要指标责任科室对左乙拉西坦使用量未达标的原因进行分析，并提出了几点解决措施，各职能部门（医务、医保、信息）及药学部分别从各自角度分析探讨符合现行医疗管理规定的可行措施。现就下列解决措施达成共识。

（1）门诊癫痫患者与住院患者出院带药时开药天数延长至一个月。医保患者按照门慢流程可开一个月的药量。药学部提交信息需求报告，按医院流程审批后由信息处落实在医嘱系统上实现。

（2）需要药学部配合的工作：停用未中标的左乙拉西坦原研药（开普兰）、国产帕罗西汀（2019年7月25日已执行）；每月将神经科及其二级科室需要完成的指标量发给神经科王丽敏主任，近期每周报告完成情况，药学部派药师协助“4+7”数据的沟通工作。

（3）增加门诊的排班人次，同时由医院协助解决诊间支持。

（4）神经科将左乙拉西坦完成率纳入科室绩效指标管理，类似临床路径的管理办法。

三　信息管理

医院信息系统建设和优化是对已有或明确的业务和管理流程进行电子化，从而提高业务流程的执行率及减少差错发生率的过程。故信息系统是工具，管理措施是灵魂。保证项目信息及时且恰当的生成、收集、发布、存储、调用并最终处置，是

“4+7”信息系统建设管理的核心。

（一）信息系统建设思路

1. 中选药品品种与非中选药品品种区别开来。

2. 引导临床医师和患者优先使用中选药品品种。

3. 各科室和医生的用药指标量可查询、可统计。

4. 可实现药品不良反应监测。

5. 临床科室和监管部门设置查询功能的分级授权。

（二）实施步骤

1. 需求管控。

自3月26日成立“4+7”MDT小组后，明确医务处为牵头部门，确定项目干系人（医务处、药学部、计财处、纪检处、医保处等），并确定沟通方法、建立沟通渠道。对干系人进行重点管理，确保及时沟通，并进一步确认其信息需求（图2-3）。

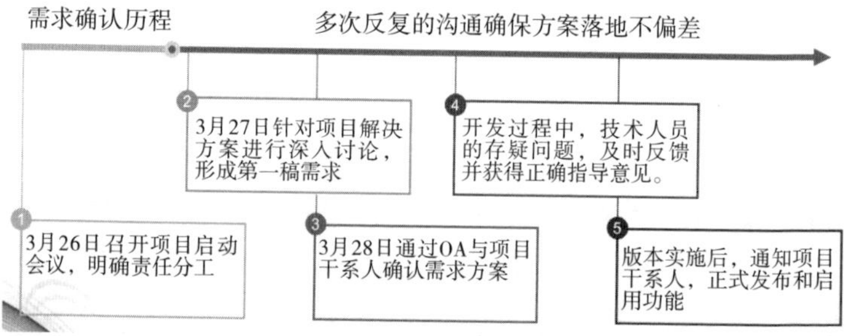

图2-3　我院“4+7”带量采购工作信息需求完善历程

（1）对需求进行严格的流程管理，通过面对面的会议沟通，OA答复留痕，明确项目的范围和时间节点，强化沟通和确认机制，确保项目落地不偏差（图2-4）。

关于4+7项目提请确认需求的请求

刘亮 2019-03-28 16:20

各位领导，好：

针对4+7项目，根据最近一次【2019年3月28日，上午11点10分】于药学部会议室的会议讨论的结果

---我重新整理了以下的需求内容【[redacted]】，烦请各位领导拨冗审议

1、药品采购入库单据增加GPO标识，用以区分采购来源【计划在3月31日完成】

》涉及改动：药库管理系统

2、对药品增加标识和维护功能【前置条件：统计报表和统计逻辑的明确】

》涉及改动：药库管理系统、维护管理系统

》一个【4+7药品】一个目录，每个目录区分【慢病目录、非慢病目录】，并可添加相应的药品【国家集中采购中标药品、国家集中采购非中标药品、相似药品】

》每个目录需要增加住院允许开具的科室和医生名单维护功能，权限由科室申请，医务处审批后，药学部负责维护

》因为此目录是变量，故需要根据统计报表的需求，判断需要记录的内容供后续统计使用。如：业务日期时间点的药品和对应目录关系以及医生痕迹。

3、医生工作站【前置条件：知情同意书模板、弹框提示内容的提供】

》涉及改动：门诊2.0医生工作站、门诊3.0医生工作站、住院医生工作站

》门诊医生在开具同一目录中的非中标药品或相似药品时：

A.如该药品属于慢性病目录，则弹出【告知书】，并要求填入相关要素【如患者手机号码、开具此药品的理由】并保存后方可开具，

如不填写则不允许开具此药品　根据此知情同意书开具的日期作为起点　一个自然年内　开具此同一目录中的药品时不再进行提醒

（a）

信息需求登记

提出人	赖伟华	提出部门	药学部 选择
所属模块	库房系统、门诊系统	所属项目	his维护
需求提出时间	2019年03月27日	需求编号	201903078
需求跟进人	刘亮 选择	需求状态	完成
需求评审时间	2019年03月28日	方案确认时间	2019年04月02日
计划上线时间	2019年04月12日		
紧急需求	◉ 紧急 ○ 一般	需求类型	◉ 政策要求 ○ 业务需求 ○ 管理要求 ○ 新系统对接 ○ 业务优化
标题	【4+7药品带量采购】门诊和库房系统需求		
需求内容	---以下需求要求实现时间，尽快实现【紧急度最高】 1、根据《中选药品及类似品种药品清单》，所有中选药品在开药系统中作相应标识并设置置顶； 2、对于慢性病药品在系统嵌入《不使用国家采购中选药品的知情同意书》，如医生不选择中选类药品，系统自动弹出该同意书要求医生打印，打印后才能进行选择。该提醒一年内（年度按每年4月1日起算）仅一次，如该患者下次同样不选择中选类药品系统不再提示。 3、对于精神类、抗菌药物类、消化类药品，如医生选择非中选药品，系统弹框提示医生填写理由后才能选择其他非中选药品。 4、对于针剂和抗肿瘤药，如选择非中选药品，系统弹框提示医生填写理由后才能选择其他非中选药品，对于同一患者同一种药品，每次均需要提醒。 ---以下需求要求实现时间，4月底前		

（b）

图2-4　信息需求流程管理

（2）灵活运用沟通工具，积极主动沟通，对开发过程中技术人员存疑的问题及时反馈并提供正确的指导意见（图2-5）。

（a）

（b）

图2-5 灵活运用沟通工具

（3）需求交付，及时向管理部门反馈，并通过路演做最终验证（图2-6、图2-7）。

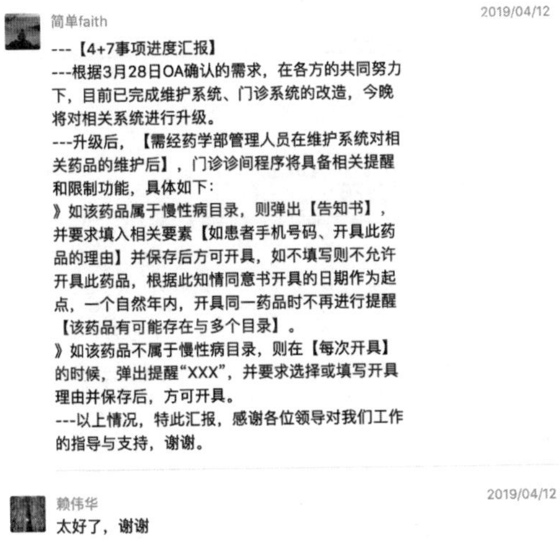

简单faith　2019/04/12

---【4+7事项进度汇报】
---根据3月28日OA确认的需求，在各方的共同努力下，目前已完成维护系统、门诊系统的改造，今晚将对相关系统进行升级。
---升级后，【需经药学部管理人员在维护系统对相关药品的维护后】，门诊诊间程序将具备相关提醒和限制功能，具体如下：
》如该药品属于慢性病目录，则弹出【告知书】，并要求填入相关要素【如患者手机号码、开具此药品的理由】并保存后方可开具，如不填写则不允许开具此药品，根据此知情同意书开具的日期作为起点，一个自然年内，开具同一药品时不再进行提醒【该药品有可能存在与多个目录】。
》如该药品不属于慢性病目录，则在【每次开具】的时候，弹出提醒“XXX”，并要求选择或填写开具理由并保存后，方可开具。
---以上情况，特此汇报，感谢各位领导对我们工作的指导与支持，谢谢。

赖伟华　2019/04/12

太好了，谢谢

图2-6　事项进度汇报

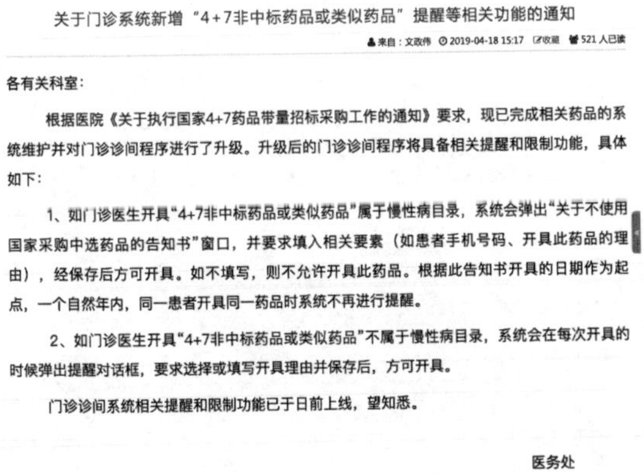

关于门诊系统新增“4+7非中标药品或类似药品”提醒等相关功能的通知

来自：文政伟　2019-04-18 15:17　收藏　521 人已读

各有关科室：

根据医院《关于执行国家4+7药品带量招标采购工作的通知》要求，现已完成相关药品的系统维护并对门诊诊间程序进行了升级。升级后的门诊诊间程序将具备相关提醒和限制功能，具体如下：

1、如门诊医生开具“4+7非中标药品或类似药品”属于慢性病目录，系统会弹出“关于不使用国家采购中选药品的告知书”窗口，并要求填入相关要素（如患者手机号码、开具此药品的理由），经保存后方可开具。如不填写，则不允许开具此药品。根据此告知书开具的日期作为起点，一个自然年内，同一患者开具同一药品时系统不再进行提醒。

2、如门诊医生开具“4+7非中标药品或类似药品”不属于慢性病目录，系统会在每次开具的时候弹出提醒对话框，要求选择或填写开具理由并保存后，方可开具。

门诊诊间系统相关提醒和限制功能已于日前上线，望知悉。

医务处

图2-7　门诊系统相关信息功能启用

2. 前端系统应用效果展示。

（1）药库管理系统。

每一种“4+7”药品设置一个目录，每个目录区分慢性病目录、非慢性病目录，并可添加相应的药品（国家集中采购中标药品、国家集中采购非中标药品、相似药品）（图2-8）。

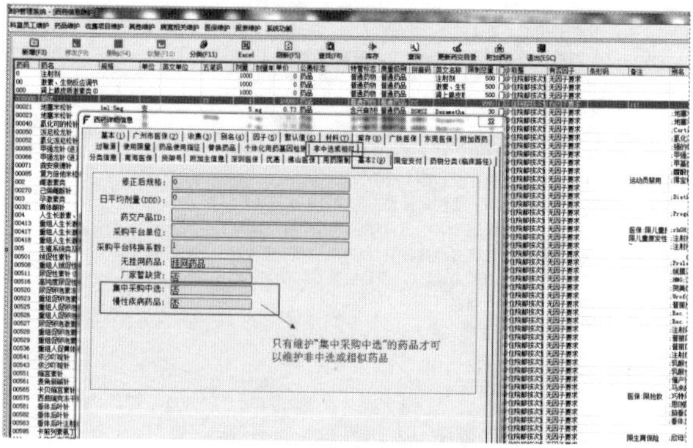

（a）

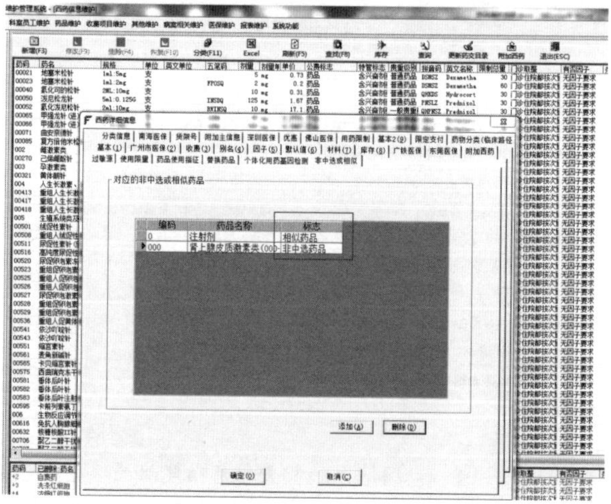

（b）

图2-8　药库管理系统

（2）前端系统药品录入（图2–9）。

凡药名前有实心三角形标志“▲”的药品为“4+7”中标药品。

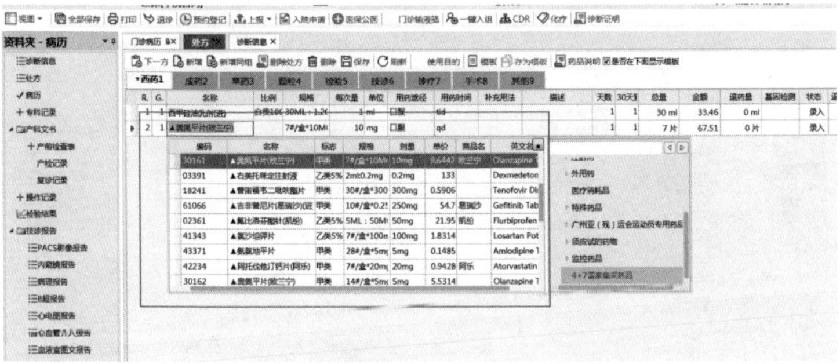

（a）

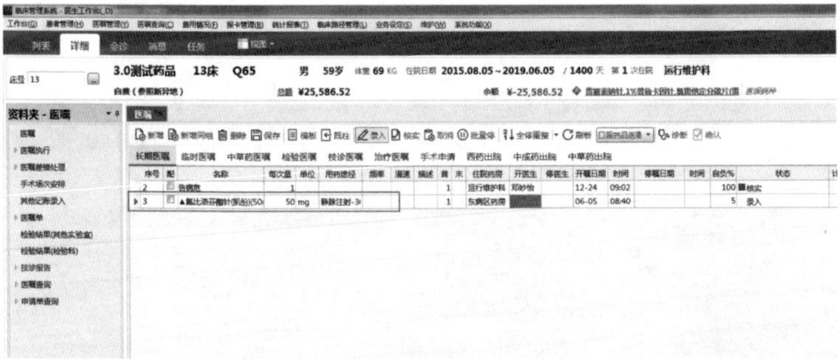

（b）

图2–9　前端系统药品录入

（3）门诊系统限制与提醒功能效果展示。

门诊医生在开具同一目录中非中标药品或相似药品的慢性病药品时，必须填写知情告知书（我院门诊系统正处在新旧切换的并存特殊时期，故同步考虑新旧门诊系统的实现）。

旧门诊系统（图2–10）：

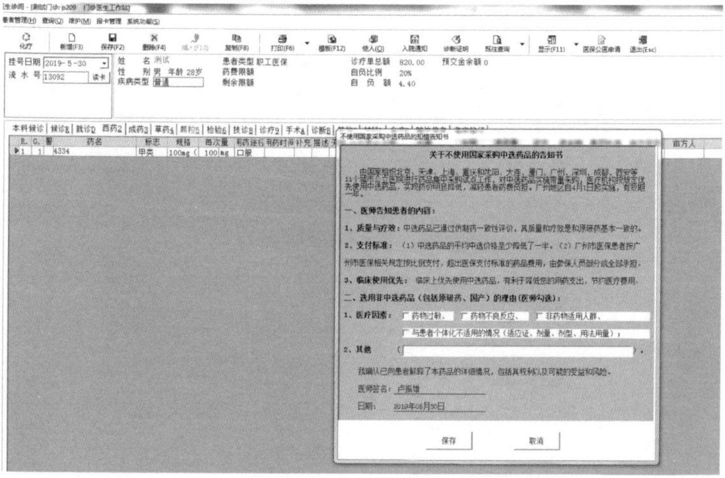

图2-10 知情告知书（旧门诊系统）

新门诊系统（图2-11）：

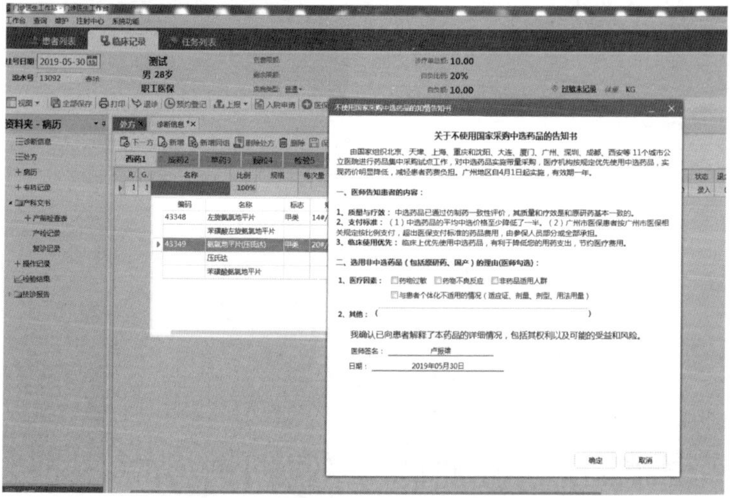

图2-11 知情告知书（新门诊系统）

门诊医生在开具同一目录中非中标药品或相似药品的非慢性病药品时，需选择开具原因【必填】。

旧门诊系统（图2–12）：

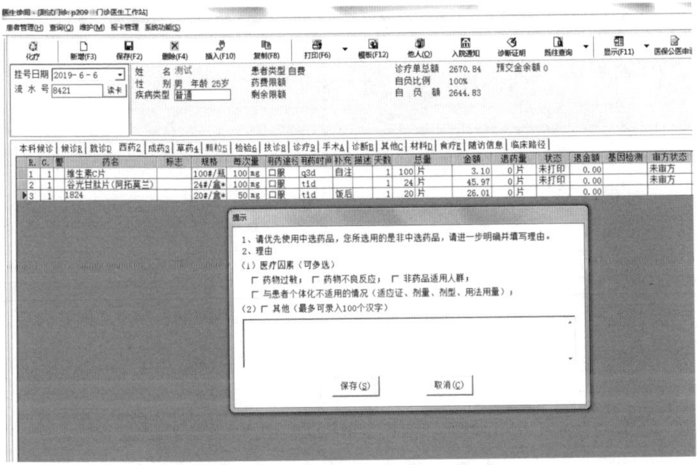

图2–12　开具原因（旧门诊系统）

新门诊系统（图2–13）：

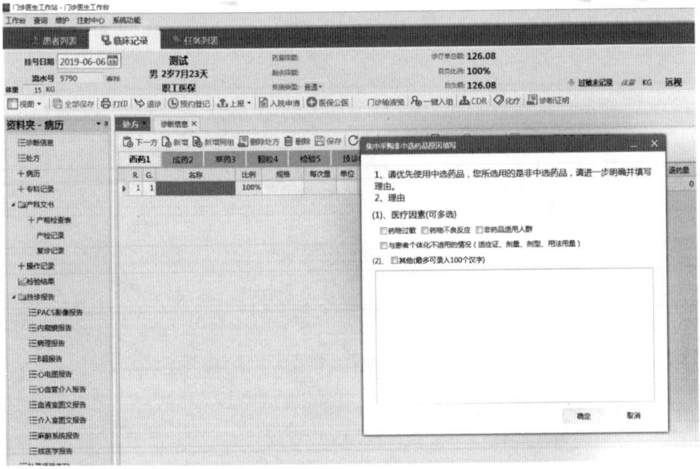

图2–13　开具原因（新门诊系统）

（4）住院系统权限维护及录入功能界面效果展示。

业务管理系统新增“4+7授权角色”用来分配给药师（角色信息由信息科维护）（图2-14）。

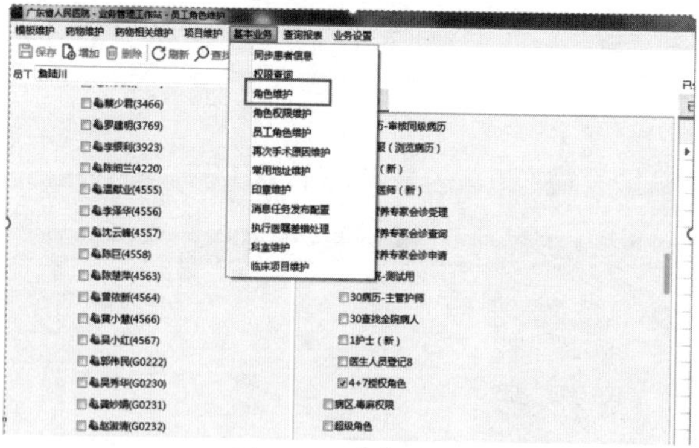

图2-14　角色维护

登录业务系统员工角色维护界面，将“4+7授权角色”分配给药房医师（角色信息由信息科维护）（图2-15）。

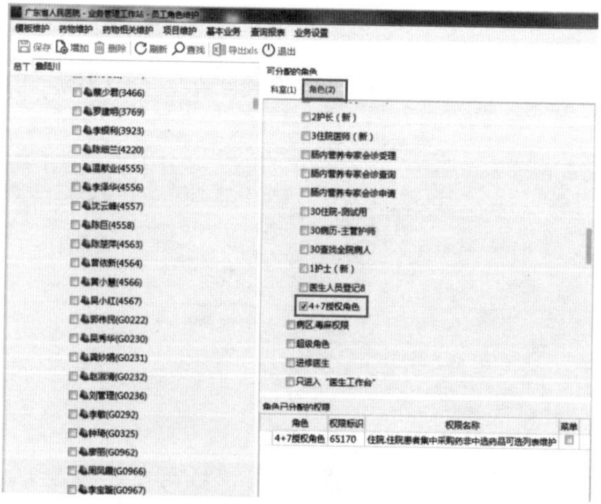

图2-15　授权角色

选择对应的权限科室，将角色及对应的科室分配给药学部管理人员（角色信息由信息科维护）（图2–16）。

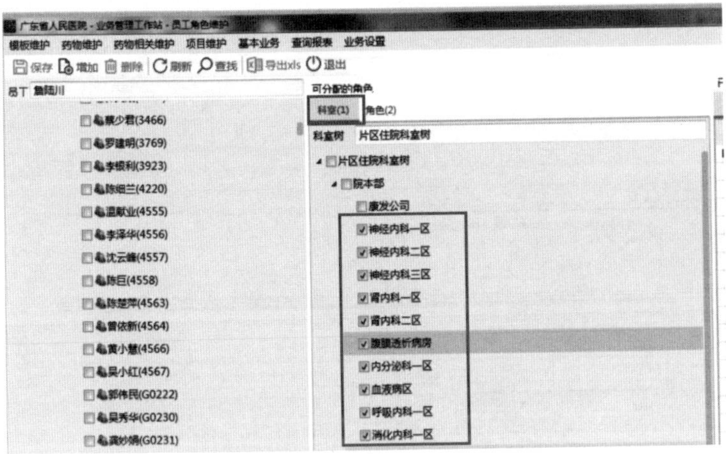

图2–16　选择对应的权限科室

药学部管理人员只能赋予其他人勾选科室的权限（图2–17）。

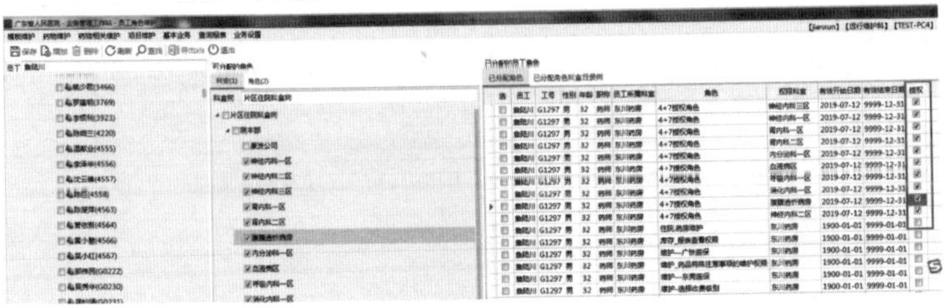

图2–17　赋予权限

临床科室向医务处申请，由药学部管理人员按审批情况，对科室管理人员进行授权（图2–18）。

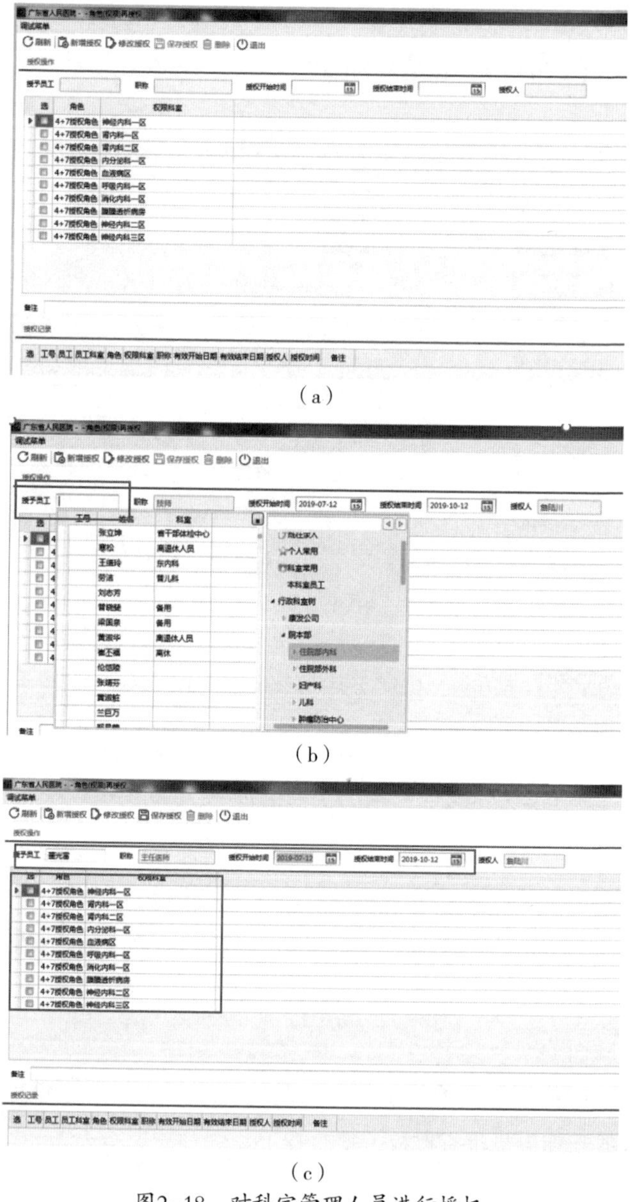

图2-18　对科室管理人员进行授权

被授权的科室管理员登录医护工作站“患者集中采购非中选药品可选列表维护”（图2–19）。

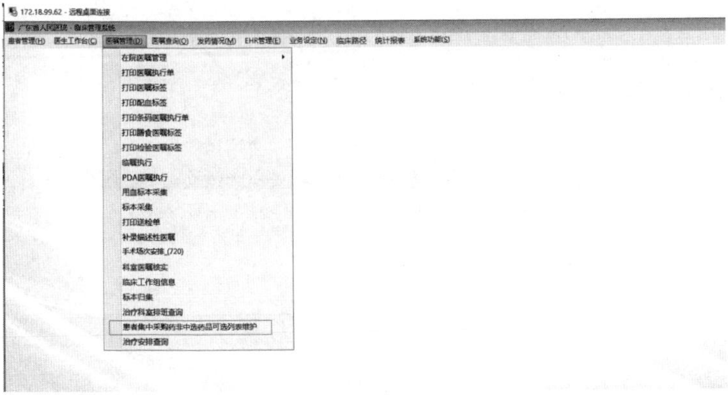

图2–19　患者集中采购非中选药品可选列表维护

通过住院号或床号检索患者，之后在列表内增加患者可以使用的“4+7”药品（图2–20）。

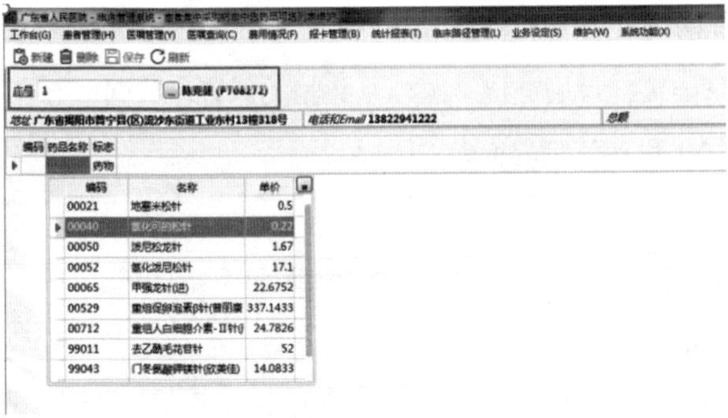

图2–20　增加患者可以使用的“4+7”药品

如果未对患者维护可开具“4+7”药品，医生开具医嘱时会报错，提示限制不能录入（图2–21）。

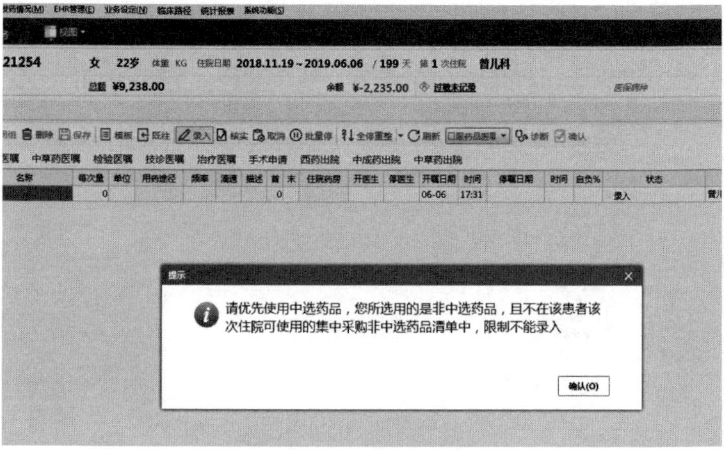

图2-21　报错提示

3．管理数据中心统计报表功能效果展示。

（1）统计报表入口。

统计报表入口地址：http://www.gdghospital.org.cn/BI/（院内的内/外网均可进入）。

OA链接：常用链接→医疗业务相关→管理数据中心。

（2）科室管理界面。

①功能用途。

用于维护所管理子科室的负责人及科室指标量。

②操作。

维护科室负责人：点击“维护科室负责人”按钮，选择人员，确定则可（图2-22）。

图2-22　维护科室负责人

维护科室指标量：点击“维护科室指标量”，在弹出的页面上录入各中标药品的指标量（月），保存则可（图2-23）。

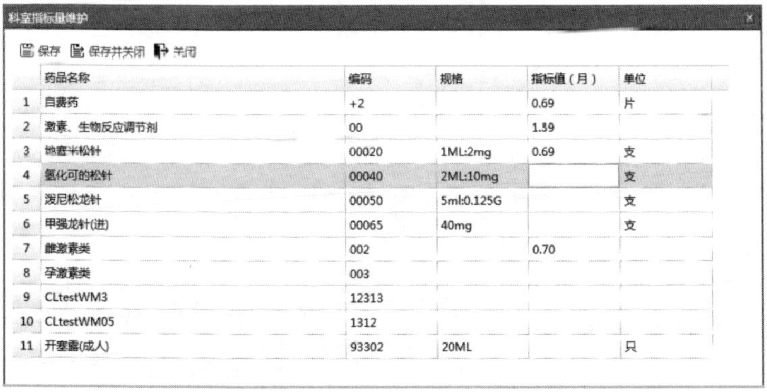

图2-23　科室指标量维护

（3）医生管理。

①功能用途。

该功能用于维护所管理科室的医生的中标药品指标量。

②操作。

查询：点击科室文本框，在弹出的页面上选择要查询的科室，点击“查询”按钮，即可查询所选科室的所有医生（图2–24）。

图2–24　查询所选科室的医生

维护医生指标量：点击“维护医生指标量”，在弹出的页面上录入各中标药品的指标量（月），保存则可（图2–25）。

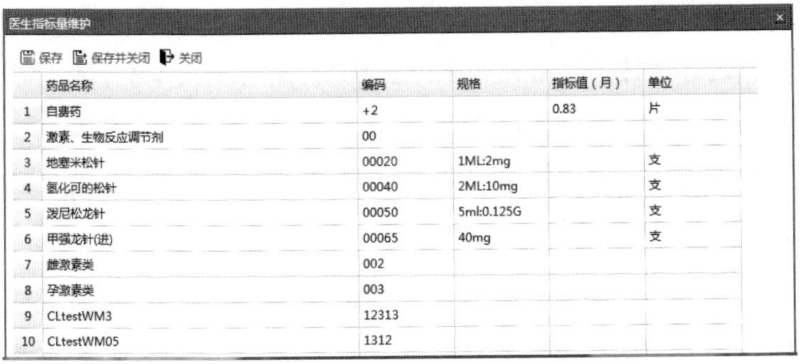

图2-25　录入各中标药品指标量

（4）“4+7”药品采购使用查询总表。

①功能用途。

显示当前用户权限科室（如无则查自己的）各中标药品的使用情况、完成情况（图2-26）。

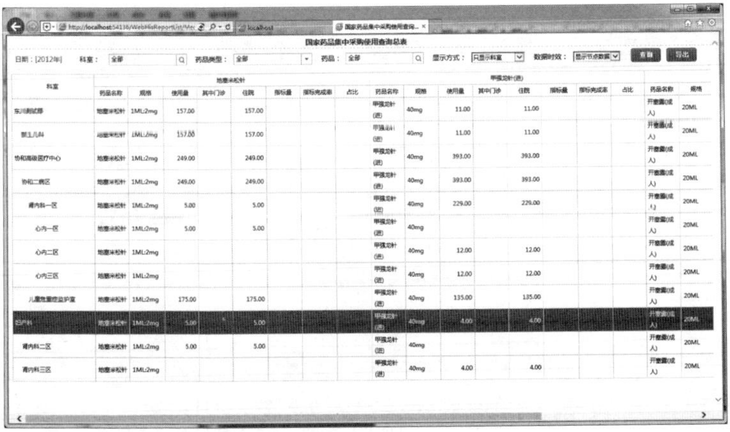

图2-26　国家药品集中采购使用查询总表

②操作。

选择条件：点击日期、科室等条件对应的文本框，在弹出的页面中选择要查询的选项。

查询：设置好条件后，点击“查询”按钮，系统对报表进行统计。

导出：查询报表后，点击“导出”按钮，将报表导出为Excel。

（5）“4+7”药品采购使用查询对比表。

①功能用途。

显示当前用户权限科室（如无则查自己的）所选中标药品及对应非中标药品、相似药品的用药情况（图2–27）。

图2–27　国家药品集中采购使用查询对比表

②操作。

选择条件：点击日期、科室等条件对应的文本框，在弹出的页面中选择要查询的选项。

查询：设置好条件后，点击“查询”按钮，系统按选择条件对报表进行统计。

导出：查询报表后，点击“导出”按钮，将报表导出为 Excel。

（6）指标说明。

①门诊使用量：根据门诊缴费、退费时间统计处方药品使用量，退费记负数。科室归属于维护的医生所属住院科室（病区）。

②住院使用量：根据执行医嘱的时间统计医嘱用药量。

③指标量：科室或病区指标量由药学部或医务处设置，医生指标量由科主任或病区主任设置。

④指标完成率=使用量/指标量。

⑤占比的计算公式：占比=使用量/对应的所有非中标药品使用量×100%。

⑥本品/中标品：本药品的使用量/对应中标药品的使用量。

（三）实现的信息系统功能

1．区分“4+7”品种。

为了方便临床使用，对中标药品进行实时提示，所有中选药品在开药系统中作相应标识“▲”。

2．引导优先使用。

把药品分为慢性病用药和非慢性病用药。慢病门诊用药：在门诊系统中嵌入《不使用国家采购中选药品的告知书》。医生开慢性病用药时，如果不选择中标类药品而用非中标同类品种，系统会自动弹出该告知书要求医生填写保存。该提醒一年内（年度按每年4月1日起算）仅一次，如该患者下次同样选择该不中标类药品时系统不再提示。

3．引导优先使用。

对于非慢病门诊用药，医生门诊开具处方时，如果不选择中标类药品而要用非中标同类品种，系统弹框提示医生填写理由，方可选择其他非中选药品，并对非中标类似药品进行总量控制。

4．引导优先使用。

住院病区开具非中选“4+7”或相似药品的设计。当医生开具非中选“4+7”或相似药品时，系统弹窗提醒填写“开具非‘4+7’中选药品原因表”（基本是勾选已设计的内容，也可自填），之后即可开具该药品，当年每次住院期间该药品只填写一次。转科需在新转科室第一次开具时，再填写一次（可选择原因：转科续单）。

5．引导优先使用。

指标任务根据2018年各科实际用量，按比例分解给各临床二级科主任和病区主任。未按时完成任务的科室（住院病区）在OA上公示并扣发主任一个月津贴（每月提示，按季度统计）。

6．引导优先使用。

非主要使用科室（平时很少使用“4+7”同类药物的科室）的门诊诊疗服务只能使用中标品，如：乙肝类药品在精神科只能选用中标品种。

7. 查询统计功能。

信息系统建立相关统计报表。如：使临床二级科主任和病区主任可以看到本科指标完成情况和本科医生这些药品的使用情况。

8. 不良反应监测。

确保药品不良反应监测系统运行顺畅，如发现药品不良反应，医生可及时按医院规定的流程上报。

四　财务管理

（一）财务结算管理

药品结算应按相关规定，加强内部控制建设，规范采购及结算行为，提高采购资金使用效率，保障国有资产安全，维护国家和社会公共利益。

1. “4+7”药品结算的相关规定。

根据《国家组织药品集中采购和使用试点方案》（国办发〔2019〕2号），规定医疗机构作为药品货款结算第一责任人，应当确保从药品交货验收合格到付款的时间不超过30天，减轻药企交易成本。

结算的具体要求“保证回款，降低交易成本。严查医疗机构不按时结算药款问题。医保基金在总额预算的基础上，按不低于采购金额的30%提前预付给医疗机构。”

2. “4+7”药品结算管理。

（1）结算流程。

①结算时间安排：次月末5个工作日（避免多次结算一般采

用月底汇总次月办理）。“4+7”带量采购按规定应在一个月时间完成货款支付。结算时间较短，医院各岗位应按时做好结算前的核对工作。

②结算审批流程：

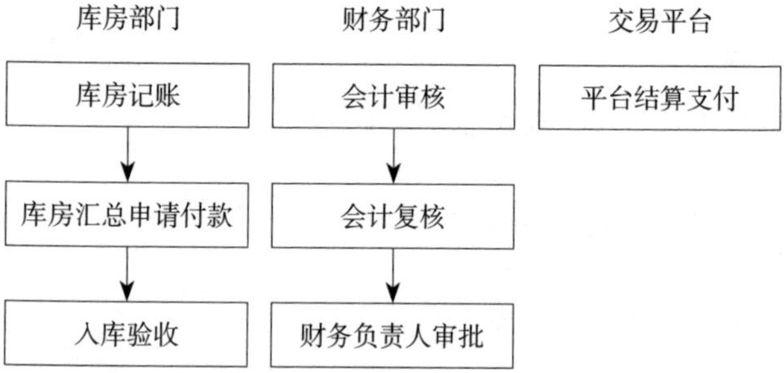

③结算附件资料：包括但不限于供应商发票、送货清单、入库单、支付审批单等。

（2）加强平台结算管理。

①增强交易平台端的数字证书结算功能。从加强内部控制角度，平台系统软件功能应包含：由采购部门和财务部门分别持有数字证书共同对发票进行确认，财务付款环节应包括会计、出纳和授权支付等角色。需增加数字证书枚数和功能设置。

②通过签订协议明确平台结算支付的权责关系书。医疗机构、交易中心、银行三方签订结算协议，医疗机构、交易中心、供应商应签订结算服务协议的补充协议，以明确各方债权债务关系，提高资金安全性，避免因不可抗力因素出现交易中心没有及时足额划款给供应商的情况，导致医院承担连带责任。

（二）对“4+7”药品结算的配套管理工作

1．医疗机构改造药库房系统。入库需进行标识，分开“4+7”和非“4+7”的品规，相关报表统计增加“4+7”筛选字段。

2．供应商配合。供应商需在发票上显眼地方标注“4+7”字样，“4+7”和非“4+7”的品规分开开具发票。

3．月末药库房提交的供应商结算汇总表，需按照“4+7”和非“4+7”的品规分开汇总。可参考以表2–2格式模板。

表2–2　模板：西药片剂入库进货汇总表

供应商名称：XXXXX　　日期：XXXXXX　　单位：元

库房名称	购进金额	零售金额	标识
xxx西药库	....	.....	“4+7”
合计	....	.....	

仓单流水号：xxx，xxxx，xxxx，……

发票号：xxx，xxxx，xxxx，……

制表人：　　记账员：　　采购员：　　药学负责人：

（三）财务收费管理

药品的收费管理是医院医疗服务价格管理重要的组成部分之一。2020年，广州市实行药品集中带量采购，医院的药品收入降低，要求医院更要做好药品的收费管理与监控。药品收费管理最重要的是做好药品库存管理、制定合理的药品收费流程、建立药品收费和药品库存管理的关联关系。其中，药品库存管理是基础，只有理清医院药品的购进和领用情况，才能根据医院实际情况制定合理的药品收费流程，让药品的收费即药品的使用与药品的库存建立关联关系，做到药品购进、领用、使用的全流程管理，提高管理质量和效率。

医院建立了药品三级库，药品的收费管理通常有以下两种流程。

1. 科室预先开出医嘱，药学部根据科室的医嘱，给科室发出药物，供患者使用。采用这种模式的药品收费管理，药品的发出和收费建立了关联性，收费的同时冲减库存，确保医院收费和发出的药品一致。对于门诊患者，通常采用患者先缴费、药学部再发药的模式，这在很大程度上保障了医院的权益；对于住院患者，则通常是在药学部发出药品时生成费用。采用这种模式的，通常是病房使用的常规口服、注射用药，药品的使用可预计，且相对稳定。在这种模式下，要重点关注儿童用药、药品集中配置等容易导致药品收费溢出的重要科室、环节。例如，儿童使用量小、不同年龄段使用的药品剂量不同，而其使用量通常情况下小于药品的最小包装剂量，容易出现药品收费溢出的问题。因此，在设计药品收费流程的时候，可考虑按照儿童实际用药剂量收取费用、药学部合并发药等方式，减少药品收费溢出。

2. 基数药管理，例如急救用药、手术室用药等，采取科室定期、不定期从药学部领用药物，科室直接使用基数药物并收取费用的模式。采用这种管理模式，主要用于无法提前预计患者是否需要使用，抑或因病情变化快，需要立即使用的药品，抑或其他因素要求科室长期备用的药品。对于管理模式下的药品收费管理，要求定期盘点科室的库存，并建立药品收费与药品库存的关联关系，收取费用以后要相应地冲减库存，防止多收费或少收费。

综上所述，对于不同科室使用的药品，因使用要求、使用方式的差异，医院在实际管理过程中，要深入、细致地调研，了解不同药品的具体使用情况，采取分类管理和关键环节重点管理相结合的方式，如重点关注容易出现药品收费溢出的儿童用药、配置室用药、麻醉用药等部门，合理的选择收费流程、持续改进，通过不断完善医院的内部管理制度和流程，完善药品收费管理，准确收取费用，减少医院工作人员不必要的劳动，同时保障患者的权益。

（四）财务分析

药品作为医疗诊疗过程中的重要手段，是医疗业务活动的关键因素，因此针对药品的财务分析是医院财务分析的重要组成部分。结合财务分析的方法和药品的特殊性，药品的财务分析可分为两个维度、三个层面。

1．药品的财务分析的两个维度。

第一维度，药品的总体情况分析。药品收支的总体情况分析可从两个角度：一是药品费用。总体药品费用水平、每人次药品费用水平、药品费用占医疗费用的比例等指标反映了社会医疗支出和国民医药费用负担的总体情况，既是社会关注的焦点，也是政府监控的重点，更是医院需要重点跟踪、反馈和管控的指标。“4+7”带量采购实施后，总体药品费用水平、每人次药品费、药品比例等指标是否如预期下降，是财务分析的关注点，也是运行管理的重点管控内容。二是药品收支的总体情况反映。在取消药品加成的情况下，虽然药品并无进销差额，但从医院管理的角度，对不可收费的消耗性用药的使用管控也必不可少，因此药品总体收入和支出的结余情况也需要在财务分析中重点关注。

第二维度，不同种类药品收入的分析。由于财务数据可能受到医疗行为变化、医疗结构调整等多种因素的影响，仅从药品收入支出数据变动确定的分析结论，可能会掩盖数据背后的医疗行为，也较难有针对性地进行药品的分析和管控，且较难挖掘药品费用变动背后的真实原因，因此将药品种类、品规等非财务信息与药品费用、药品比例等财务信息相结合的分析则显得尤为重要，药品分析是业财融合在医院财务分析中的重要体现。从药品品规或类型的角度，针对不同类别药品的收入水平和占比情况的变化情况，有针对性地进行药品的管控。例如对抗菌用药、辅助用药的专项分析，都属于对重点管控的药品种类的重点和专项分析。特别是实施“4+7”带量采购后，对“4+7”带量采购药品的使用情况进行实时跟踪分析。

2. 药品的财务分析的三个层面。

财务分析需要关注不同主体、不同对象的关注重点，医院的各个会计主体，如医院、职能部门、临床科室等具有差异性，从而产生了不同的管理需要。因此，财务分析需要以医院内部各层级责任单位为会计主体，根据不同层次的使用者进行有针对性的、详略不同的设计。不同维度的药品财务分析应分别包括三个层面：①医院层面：面向院领导，重点关注整体药品费用的变动情况，重点关注类别药品的收入和占比情况。②科室层面：面向职能部门，主要是医务部门、药学部门，重点关注类别药品的使用情况、收入和占比情况，对科室药品使用存在的重点问题和需改进的方向给予明确说明。③医生层面：面向临床科室、纪检监察部门，主要是对重点关注药品（如“4+7”带量采购药品）使用量与平均水平明显偏差，或用量变动异常的医生进行查因和沟通。

五　医保及纪检管理

纪检监察处负责每月公示“4+7”药品使用情况，对未达标科室或个人予以警告或罚款处理，并且对药品使用领域的违法违纪行为进行查处。对于未按时完成任务量的科室或病区除OA公示外，必要时建议医务部门组织处方点评；对连续两个月未完成任务的科室发出书面提醒函，要求当事医生作出解释及自查整改，同时扣发科主任一个月津贴（按季度统计）。如果处方医生没有对医保患者清晰告知使用非中标药品将造成医保患者自付比例升高而造成患者投诉的，将从严处罚。

社保处负责探索医保支付标准与采购价协同，协助各相关部门和临床科室落实在执行“4+7”药品的使用过程中遇到的医保相关问题。因处方医生没有对医保患者清晰告知使用非中标药品将造成医保患者自付比例升高而造成患者投诉的，将从严处罚。

第三节 MDT小组管控方案总结

一 形成高效的决策执行机制

由分管副院长主导、医务处牵头，药学部、信息处、计财处、纪检处、医保处等相关部门参与的MDT小组，在组织架构上为落实我院“4+7”带量采购任务提供了基础保障，使得上级部门的政策要求和指示可迅速传达至院领导层面，而医院的决策方案可在院领导的带领下由多部门协同制定。MDT小组成员及处室分工明确，同步推进，医务处作为牵头处室，跟进各项工作的落实，实现了职能处室之间、临床与管理部门之间的有效联动和反馈机制。

二 精细化药品管控种类

MDT小组经过调研和会议讨论，确立了针对不同类型“4+7”药品进行分类管控的策略。由药学部根据中标药品性质，分为慢性病药品、针剂、抗肿瘤药品、其他药品四大类，针对这四类药品采取不同的管控措施，具体如下。

1. 慢性病用药。

对于长期服用的慢性病药物，原则上要求所有患者均使用中标药品。如需选择非中标药品，系统自动弹出《关于不使用国家采购中选药品的知情同意书》，由医生填写选用非中标药物的理由，打印后医生及患者签字确认。知情同意书完成打印后才能在系统中选择非中标药品。对于同一药品，系统设定每一年对患者进行一次知情同意书提醒（年度按每年4月1日起算），如该患者下次仍选择同一未中标药品，系统则不再提示。药学部每月对全院各科室非中标药品用药知情同意书进行备案，对用药合理性进行点评，并对各病区（或二级科室）及各医生非中标药品用量排名和用药理由不充分的病例进行OA公示。

2. 针剂。

对于四种针剂，原则上必须选用中标药品。如选择使用非中标药品，系统自动弹出“非中标药品用药申请”，医生填写选用非中标药品的理由，由科主任或经科主任授权的医师审批同意后，方可使用非中标药品。一次审批通过之后，在该患者当次住院的全程均可以选用审批通过的药品。药学部每月对全院各科室非中标药品用药申请及审批情况进行备案及相应点评，并对各二级科室（病区）及各医生用药排名情况和用药理由不充分的病例进行OA公示。

3. 抗肿瘤药。

对于门诊患者，原则上要求选用中标的抗肿瘤药品。如选择使用非中标药品，系统自动弹出《关于不使用国家采购中选药品的知情同意书》，由医生填写选用非中标药物的理由，打印后医生及患者签字确认。知情同意书完成打印后才能在系统中选择非中标药品。对于同一药品，系统设定每一年对患者进行一次知情同意书提醒（年度按每年4月1日起算），如该患者下次仍选择同一未中标药品，系统则不再提示。

对于住院患者，原则上必须选用中标的抗肿瘤药品。如选择使用非中标药品，系统自动弹出“非中标药品用药申请”，医生填写选用非中标药品的理由，由科主任或经科主任授权的医师审批同意后，方可使用非中标药品。一次审批通过之后在该患者当次住院的全程均可以选用审批通过的药品。

药学部每月对全院各科室非中标药品用药申请及审批情况进行备案及相应点评，并对各二级科室（病区）及各医生用药排名情况和用药理由不充分的病例进行OA公示。

4. 其他药品。

其他药品包括精神类药品、抗生素及消化类疾病药品。对于医保患者，原则上必须使用中标药品。由药学部对各科室非中标药品使用总量进行管控，限定各科室非中标药物使用量不能超过同一通用名下药品总使用量的40%，每季度进行系统设定。如某科室非中标药品使用量已达到40%，则系统限定该科室本季度内只能使用中标药品。

三 科室层面进行考核

经过两个月的摸索，2019年7月初，MDT小组就我院“4+7”药品在2019年4—6月的实施情况进行研讨，梳理完成情况和存在的问题，总结管控措施的经验与教训，并且制定了《广东省人民医院“国家4+7城市药品集中采购试点方案”管理规定》，明确2019年4—5月作为过渡期，2019年6月份开始实施科室层面的考核。具体内容如下：

（1）二级科室（病区）主任为实施“4+7”药品带量采购的主要责任人，采购指标落实到各个临床科室（病区）。统计2018年度各临床科室（病区）使用“4+7”中标药品及同类药品（非“4+7”中标药品）的总量，再按比例落实到各科室（病区），特殊科室将酌情制定目标值。

（2）确定各二级科室（病区）的目标值后，按月公示未达标的科室和病区，按季度进行考核，科室（病区）整体目标完成情况与科室（病区）主任管理津贴挂钩。

（3）医院按月对“4+7”药品的使用情况进行统计。科室（病区）行政主任可以随时查询本科室（病区）的任务量（指标量）、完成量和完成率，并可查询本科室（病区）各医生相关药物使用情况，实时掌握指标完成情况。

（4）按照制定的任务量，为确保完成全年任务，第一季度（2019年4—6月）要求完成不少于任务量的70%，第一、第二季度（2019年4—9月）累积使用量要求完成不少于任务量的80%，第一、第二、第三季度（2019年4—12月）累积使用量要求完成不少于任务量的90%，第一、第二、第三、第四季度（2019年4月至2020年3月）累积使用量要求完成不少于任务量的100%。

四 患者知情同意书（模板）

关于不使用国家采购中选药品的知情同意书

由国家组织北京、天津、上海、重庆和沈阳、大连、厦门、广州、深圳、成都、西安等11个城市公立医院进行药品集中采购试点工作，对中选药品（目录见附件）实施带量采购，医疗机构按规定优先使用中选药品，实现药价明显降低，减轻患者药费负担。广州地区自4月1日起实施，有效期一年。

一、医师告知患者的内容。

1. 质量与疗效：中选药品已通过仿制药一致性评价，其质量和疗效是和原研药基本一致的。

2. 支付标准：①中选药品的平均中选价格至少降低了一半。②广州市医保患者按广州市医保相关规定按比例支付，超出医保支付标准的药品费用，由参保人员部分或全部承担。

3. 临床使用优先：临床上优先使用中选药品，有利于降低您的用药支出，节约医疗费用。

医师已向我告知了上述内容。

患者签名：＿＿＿＿＿＿＿＿　患者电话：＿＿＿＿＿＿＿＿

日期：＿＿＿＿年＿＿＿＿月＿＿＿＿日

二、选用非中选药物（包括原研药、国产）的理由（医师填写）。

我确认已向患者解释了本药物的详细情况，包括其权利以及可能的受益和风险。

医师签名：______________

日期：_______年_______月_______日

广东省人民医院

（本章撰写：袁向东、李璇、杨坚、刘菊娥、刘宏伟、刘亮、郭智冲、袁锐杨、娄兴汉）

Part 第三章

MDT模式下实现带量采购实践效果分析

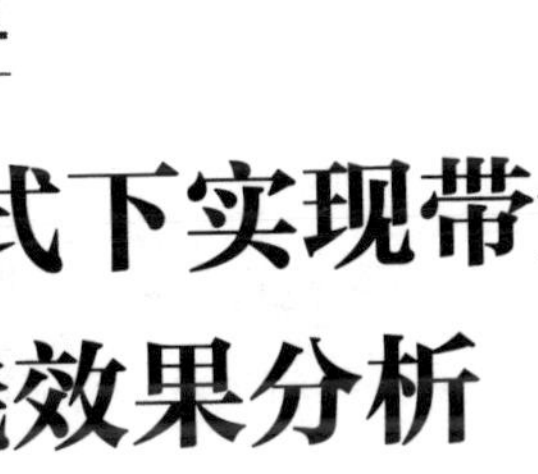

第一节
院内带量采购药品管控效果分析

我院2019年4月1日开始执行“4+7”药品带量采购政策，4月4日实现所有中选药品在开药系统中作相应标识（药名前标记为实心三角形标志▲），4月22日起在信息系统新增“4+7非中选药品或类似药品”提醒功能。

对于慢性病门诊用药，在门诊系统中嵌入《不使用国家采购中选药品的告知书》，医生要开具慢病用药时选用非中选同类品种，系统自动弹出该告知书要求医生填写保存。该提醒一年内（年度按每年4月1日起算）仅启动一次，如该患者下次同样选择该不中选品种时系统不再提示。对于非慢病门诊用药，医生选用非中选同类品种时，系统弹窗提示医生填写理由后才能使用。

对于住院患者用药，医生选用非中选同类品种时，系统自动弹出使用非中选药品申请，由医生填写理由，需经科主任或科主任授权人审批后方可使用。一次审批之后该患者本次住院可全程使用该药品。2019年5月30日将指标任务根据2018年各科实际用量，按比例分解给各临床二级科主任和病区主任。具体分配公式及相关指标如下：

月指标量 = 2019年预计采购数量（片/支）×60%×指标分配比/12个月

指标分配比 = 2018年科室使用量/同期全院使用量×100%

指标完成率 = 当月科室使用量/月指标量×100%

中选药品使用占比 = 当月中选品种用量/当月同一通用名药品总用量

一　我院“4+7”中选药品任务完成情况

“4+7”试点城市药品集中采购中选药品共25个品种，43个品规。其中我院已上报2019年预计采购数量为0的品规12个（原则上可不采购，一旦采购，中选厂家采购量应占总采购量的60%）。剩余31个品规中，需完成已上报2019年预计采购数量的品规23个（同通用名同规格，不同包装规格采购1个），其中我院在用厂家与中选厂家一致的品种7个，最终纳入我院“4+7”中选药品目录的总共有23个品种共计25个品规（表3-1）。

表3-1　广东省人民医院“4+7”中选药品目录

序号	名称	规格	厂家
1	氯吡格雷片（泰嘉）	75 mg/片，7片/盒	深圳信立泰药业股份有限公司
2	艾司西酞普兰片	10 mg/片，7片/盒	四川科伦药业股份有限公司
3	帕罗西汀片（乐友）	20 mg/片，20片/盒	浙江华海药业股份有限公司

（续表）

序号	名称	规格	厂家
4	利培酮片	1 mg/片，60片/盒	浙江华海药业股份有限公司
5	蒙脱石散	39 g/袋，10袋/盒	海南先声药业有限公司
6	培美曲塞二钠针	500 mg（粉针）	四川汇宇制药有限公司
7	培美曲塞二钠针	100 mg（粉针）	四川汇宇制药有限公司
8	瑞舒伐他汀钙片	10 mg/片，28片/盒	浙江京新药业股份有限公司
9	替诺福韦二吡呋酯片	300 mg/片，30片/盒	成都倍特药业有限公司
10	阿托伐他汀钙片（阿乐）	20 mg/片，7片/盒	北京嘉林药业股份有限公司
11	左乙拉西坦片	250 mg/片，30片/盒	浙江京新药业股份有限公司
12	右美托咪定注射液	2 ml：0.2 mg	扬子江药业集团有限公司
13	孟鲁司特钠片	10 mg/片，5片/盒	杭州民生滨江制药有限公司
14	头孢呋辛酯片（巴欣）	0.25 g/片，12片/盒	成都倍特药业有限公司
15	伊马替尼片	100 mg/片，60片/盒	江苏豪森药业集团有限公司
16	氨氯地平片	5 mg/片，28片/盒	浙江京新药业股份有限公司
17	厄贝沙坦片	75 mg/片，42片/盒	浙江华海药业股份有限公司
18	恩替卡韦分散片	0.5 mg/片，28片/盒	正大天晴药业集团股份有限公司
19	奥氮平片（欧兰宁）	10 mg/片，7片/盒	江苏豪森药业集团有限公司

（续表）

序号	名称	规格	厂家
20	奥氮平片（欧兰宁）	5 mg/片，14片/盒	江苏豪森药业集团有限公司
21	厄贝沙坦氢氯噻嗪片	（150 mg：12.5 mg）/片，28片/盒	浙江华海药业股份有限公司
22	氯沙坦钾片	100 mg/片，7片/盒	浙江华海药业股份有限公司
23	吉非替尼片（易瑞沙）（进）	0.25 g/片，10片/盒	阿斯利康制药有限公司
24	福辛普利钠片（蒙诺）（合）	10 mg/片，14片/盒	中美上海施贵宝制药有限公司
25	氟比洛芬酯针（凯纷）	5 mL：50 mg	北京泰德制药股份有限公司

（一）我院“4+7”中选药品指标完成率达标情况

我院于2019年4月1日开始执行“4+7”药品带量采购政策，自执行以来，我院中选药品指标完成率情况如表3-2、表3-3所示。

表3-2　2019年4—9月中选药品指标完成率

药品	4月	5月	6月	7月	8月	9月
阿托伐他汀钙片	134.68%	198.87%	185.42%	224.64%	221.06%	212.57%
艾司西酞普兰片	82.35%	104.74%	109.48%	129.10%	130.30%	144.75%
氨氯地平片	203.40%	310.73%	280.67%	291.80%	293.52%	273.47%
奥氮平片5 mg	115.01%	150.08%	133.48%	162.86%	166.31%	172.18%

（续表）

药品	4月	5月	6月	7月	8月	9月
奥氮平片10 mg	87.95%	76.56%	79.00%	83.27%	78.10%	83.93%
厄贝沙坦片	193.53%	256.93%	229.56%	246.91%	236.39%	217.96%
厄贝沙坦氢氯噻嗪片	362.15%	533.28%	497.42%	519.04%	460.44%	470.73%
恩替卡韦分散片	203.37%	207.71%	193.25%	319.59%	300.83%	276.30%
氟比洛芬酯针	85.00%	97.05%	71.78%	149.76%	157.61%	127.86%
福辛普利钠片	344.95%	486.38%	468.31%	537.98%	478.94%	492.48%
吉非替尼片	326.47%	299.12%	328.82%	414.41%	368.68%	403.90%
利培酮片	80.98%	97.60%	96.44%	107.36%	103.98%	118.79%
氯吡格雷片	113.57%	150.23%	139.56%	157.00%	147.22%	147.96%
氯沙坦钾片	204.68%	316.67%	323.63%	388.21%	372.55%	388.57%
蒙脱石散	58.55%	145.40%	118.48%	138.17%	153.47%	151.58%
孟鲁司特钠片	88.66%	162.77%	128.64%	144.18%	146.97%	135.62%
帕罗西汀片	44.22%	67.06%	62.32%	105.68%	149.89%	161.05%
培美曲塞二钠针100 mg	28.78%	44.24%	31.65%	35.97%	26.62%	27.34%

（续表）

药品	4月	5月	6月	7月	8月	9月
培美曲塞二钠针 500 mg	109.52%	340.00%	308.57%	297.14%	240.00%	345.71%
瑞舒伐他汀钙片	207.49%	244.90%	224.11%	244.54%	216.40%	212.40%
替诺福韦二吡呋酯片	1 802.65%	2 093.92%	1 828.84%	2 178.18%	2 296.10%	2 337.14%
头孢呋辛酯片	530.64%	712.43%	545.30%	495.31%	390.20%	400.82%
伊马替尼片	119.37%	173.90%	198.46%	233.51%	236.28%	287.68%
右美托咪定注射液	10.71%	62.59%	95.82%	267.46%	260.80%	221.23%
左乙拉西坦片	10.77%	24.31%	18.00%	45.30%	118.33%	113.16%

表3-3　2019年10月至2020年3月中选药品指标完成率

药品	2019年10月	2019年11月	2019年12月	2020年1月	2020年2月	2020年3月
阿托伐他汀钙片	185.37%	182.46%	198.94%	151.96%	158.82%	233.84%
艾司西酞普兰片	121.02%	126.33%	139.96%	118.37%	99.85%	142.19%
氨氯地平片	238.52%	212.54%	248.52%	181.07%	190.87%	238.23%
奥氮平片 5 mg	136.81%	139.96%	152.76%	129.66%	40.14%	4.44%

（续表）

药品	2019年10月	2019年11月	2019年12月	2020年1月	2020年2月	2020年3月
奥氮平片10 mg	69.29%	54.33%	65.12%	54.92%	65.69%	110.89%
厄贝沙坦片	198.96%	146.54%	174.91%	124.82%	159.28%	213.91%
厄贝沙坦氢氯噻嗪片	355.37%	382.05%	455.31%	323.83%	289.36%	391.46%
恩替卡韦分散片	214.81%	263.37%	287.44%	204.57%	132.97%	430.06%
氟比洛芬酯针	94.44%	106.54%	109.08%	74.18%	25.20%	60.86%
福辛普利钠片	435.32%	436.55%	485.19%	321.62%	347.03%	455.54%
吉非替尼片	367.79%	351.10%	437.50%	355.07%	266.25%	361.76%
利培酮片	120.10%	110.42%	141.06%	100.01%	89.45%	108.23%
氯吡格雷片	136.78%	126.81%	144.02%	102.50%	115.02%	139.42%
氯沙坦钾片	368.80%	239.81%	283.60%	215.36%	350.00%	398.60%
蒙脱石散	125.42%	107.25%	225.17%	222.84%	149.82%	166.62%
孟鲁司特钠片	121.79%	169.32%	232.82%	192.26%	103.04%	136.40%
帕罗西汀片	130.67%	117.10%	129.39%	90.33%	94.38%	141.74%
培美曲塞二钠针100 mg	20.50%	30.22%	21.94%	32.37%	148.92%	317.99%

（续表）

药品	2019年10月	2019年11月	2019年12月	2020年1月	2020年2月	2020年3月
培美曲塞二钠针500 mg	362.86%	385.71%	405.71%	514.29%	245.71%	0
瑞舒伐他汀钙片	184.71%	161.35%	186.63%	140.92%	139.35%	164.19%
替诺福韦二吡呋酯片	2 202.08%	2 354.03%	2 817.92%	2 292.47%	1 243.90%	2 088.57%
头孢呋辛酯片	344.99%	308.95%	418.75%	298.31%	173.88%	183.28%
伊马替尼片	237.72%	232.33%	343.24%	303.90%	305.67%	394.38%
右美托咪定注射液	229.69%	242.65%	240.12%	226.93%	106.85%	170.22%
左乙拉西坦片	113.48%	137.81%	189.65%	134.37%	77.27%	136.48%

按季度计算的中选药品指标完成率情况如表3-4所示。第二季度指标完成率＜100%的药品有7个，分别是艾司西酞普兰片、奥氮平片10 mg、利培酮片、帕罗西汀片、培美曲塞二钠针100 mg、右美托咪定注射液、左乙拉西坦片。其中艾司西酞普兰片的指标完成率接近100%，为98.85%，而培美曲塞二钠针100 mg和左乙拉西坦片的指标完成率较差，分别是34.89%、17.54%。第三季度指标完成率未达标的药品有3个：奥氮平片10 mg（81.77%）、培美曲塞二钠针100 mg（29.98%）、左乙拉西坦片（92.26%）。自2019年7月25日停用未中标的左乙拉西坦

的原研药（开普兰）、国产帕罗西汀后，左乙拉西坦片的指标完成率大幅度上升至92.26%。第四季度指标完成率小于100%的药品有2个：奥氮平片10 mg（59.71%）、培美曲塞二钠针100 mg（23.74%）。受新冠肺炎影响，我院2020年第一季度门诊人次只有去年同期的57.46%，出院人次只有去年同期的58.31%，疫情管控导致开具左乙拉西坦的相关患者来院就诊人次锐减，致使我院2020年第一季度指标完成率小于100%的药品有三个：奥氮平片5 mg（66.22%），奥氮平片10 mg（80.01%），氟比洛芬酯针（54.23%）。

表3-4　2019年第二季度至2020年第一季度中选药品指标完成率

药品	2019年第二季	2019年第三季	2019年第四季	2020年第一季	总
阿托伐他汀钙片	172.99%	219.42%	178.77%	191.17%	198.97%
艾司西酞普兰片	98.85%	134.72%	124.33%	127.29%	125.50%
氨氯地平片	264.93%	286.26%	216.42%	217.58%	259.78%
奥氮平片5 mg	130.72%	167.11%	138.78%	66.22%	129.89%
奥氮平片10 mg	81.17%	81.77%	59.71%	80.01%	85.00%
厄贝沙坦片	226.67%	233.75%	151.90%	183.87%	217.12%
厄贝沙坦氢氯噻嗪片	464.28%	483.40%	384.63%	349.77%	432.83%
恩替卡韦分散片	201.44%	298.91%	254.71%	256.75%	253.44%
氟比洛芬酯针	177.88%	145.08%	101.62%	54.23%	121.04%
福辛普利钠片	433.21%	503.13%	432.28%	393.74%	457.40%
吉非替尼片	318.14%	395.66%	382.35%	327.70%	358.25%
利培酮片	91.67%	110.04%	121.49%	103.04%	108.47%
氯吡格雷片	134.45%	150.73%	129.05%	124.93%	140.34%

（续表）

药品	2019年第二季	2019年第三季	2019年第四季	2020年第一季	总
氯沙坦钾片	281.66%	383.11%	252.67%	361.89%	353.96%
蒙脱石散	105.10%	147.74%	140.16%	187.91%	154.19%
孟鲁司特钠片	126.06%	142.26%	173.41%	146.75%	149.86%
帕罗西汀片	57.86%	138.87%	117.57%	118.01%	115.53%
培美曲塞二钠针100 mg	34.89%	29.98%	23.74%	166.43%	73.00%
培美曲塞二钠针500 mg	238.10%	294.29%	383.81%	276.19%	308.81%
瑞舒伐他汀钙片	225.50%	224.45%	167.71%	157.49%	201.51%
替诺福韦二吡呋酯片	1 908.47%	2 270.48%	2 455.41%	1 874.98%	2 121.77%
头孢呋辛酯片	596.12%	428.78%	333.16%	232.92%	415.52%
伊马替尼片	163.91%	252.49%	271.10%	334.65%	255.80%
右美托咪定注射液	91.97%	249.83%	237.42%	168.11%	187.09%
左乙拉西坦片	17.54%	92.26%	146.74%	116.45%	80.00%

从2019年4月至2020年3月，经过一年的实践，我院中选药品指标完成率未达标的仅有3种：奥氮平片10 mg（85.00%），培美曲塞二钠针100 mg（73.00%），左乙拉西坦片（80.00%）。培美曲塞二钠针100 mg和培美曲塞二钠针500 mg，奥氮平片10 mg和奥氮平片5 mg为同一通用名药品，只是药品剂量不一样，综合考虑总药品剂量，其实我院奥氮平片完成率总体为达标状态。

（二）我院“4+7”中选药品使用占比达标情况

国家“4+7”药品集中采购政策对中选药品的使用量做出要求，同时规定同一品规其他药品的使用量不得超过中选药品的使用量，因此评价“4+7”中选药品的使用情况，应包含指标完成率和中选药品使用占比，两个指标分别达到100%和50%才能达到国家政策的规定。

我院中选药品使用占比情况如表3-5至表3-7所示。由于我院氟比洛芬、福辛普利钠片和头孢呋辛酯片这3个品种只有中选品种药品，无非中选药品，因此使用占比为100%。我院7月25日停用左乙拉西坦片原研药、国产帕罗西汀片，因此8月起左乙拉西坦片使用占比也是100%。

表3-5 2019年4—9月中选药品使用占比

药品	4月	5月	6月	7月	8月	9月
阿托伐他汀钙片	50.84%	71.08%	70.40%	71.69%	72.90%	72.09%
艾司西酞普兰片	41.48%	55.06%	59.10%	58.94%	64.34%	65.63%
氨氯地平片	85.99%	99.28%	99.87%	99.73%	99.82%	99.79%
奥氮平片5 mg	40.34%	53.01%	50.74%	55.84%	63.82%	67.12%
奥氮平片10 mg	56.36%	59.52%	60.91%	61.25%	68.29%	70.83%
厄贝沙坦片	74.00%	85.66%	85.34%	84.26%	84.33%	82.06%
厄贝沙坦氢氯噻嗪片	66.83%	83.61%	83.91%	83.79%	82.83%	82.39%
恩替卡韦分散片	81.28%	86.69%	84.22%	90.69%	90.39%	89.41%
氟比洛芬酯针	100%	100%	100%	100%	100%	100%
福辛普利钠片	100%	100%	100%	100%	100%	100%
吉非替尼片	97.56%	98.59%	99.33%	99.47%	97.53%	96.83%
利培酮片	38.36%	52.05%	52.37%	46.28%	49.77%	56.40%
氯吡格雷片	59.66%	75.73%	75.43%	75.01%	74.59%	76.39%
氯沙坦钾片	55.12%	73.95%	76.70%	75.27%	78.06%	79.38%
蒙脱石散	17.87%	48.53%	37.91%	40.05%	58.11%	51.41%

（续表）

药品	4月	5月	6月	7月	8月	9月
孟鲁司特钠片	28.87%	60.13%	56.59%	58.45%	63.27%	63.25%
帕罗西汀片	68.19%	87.57%	88.83%	93.46%	100%	100%
培美曲塞二钠针 100 mg	22.41%	42.12%	38.60%	42.19%	36.82%	50.33%
培美曲塞二钠针 500 mg	7.66%	41.32%	43.55%	43.15%	32.43%	44.32%
瑞舒伐他汀钙片	58.30%	73.19%	73.60%	74.50%	73.28%	75.06%
替诺福韦二吡呋酯片	77.33%	90.49%	88.59%	82.21%	88.55%	87.84%
头孢呋辛酯片	100%	100%	100%	100%	100%	100%
伊马替尼片	33.50%	47.91%	47.77%	46.04%	50.96%	51.27%
右美托咪定注射液	10.87%	56.87%	81.10%	77.61%	97.56%	98.83%
左乙拉西坦片	13.97%	32.97%	27.72%	57.30%	100%	99.63%

表3-6　2019年10月至2020年3月中选药品使用占比

药品	2019年10月	2019年11月	2019年12月	2020年1月	2020年2月	2020年3月
阿托伐他汀钙片	71.76%	71.07%	68.52%	69.94%	75.04%	74.48%
艾司西酞普兰片	65.90%	74.26%	69.19%	73.58%	72.03%	71.19%
氨氯地平片	99.75%	100.00%	100.00%	100.00%	100.00%	99.80%
奥氮平片5 mg	66.56%	70.54%	69.68%	66.13%	68.48%	66.44%
奥氮平片10 mg	72.32%	68.32%	69.39%	67.12%	88.20%	100.00%
厄贝沙坦片	83.47%	76.96%	75.67%	76.62%	82.56%	81.45%

（续表）

药品	2019年10月	2019年11月	2019年12月	2020年1月	2020年2月	2020年3月
厄贝沙坦氢氯噻嗪片	81.22%	81.22%	81.88%	79.49%	78.24%	81.94%
恩替卡韦分散片	88.95%	89.35%	87.61%	89.77%	89.40%	95.02%
氟比洛芬酯针	100%	100.00%	100.00%	100.00%	100.00%	100.00%
福辛普利钠片	100%	100.00%	100.00%	100.00%	100.00%	100.00%
吉非替尼片	99.13%	100.00%	100.00%	100.00%	100.00%	99.39%
利培酮片	62.50%	67.51%	64.30%	56.46%	68.66%	59.21%
氯吡格雷片	76.65%	74.69%	73.54%	73.11%	78.94%	76.95%
氯沙坦钾片	78.50%	70.57%	71.34%	70.54%	82.48%	78.21%
蒙脱石散	50.35%	51.75%	90.77%	98.95%	100.00%	99.87%
孟鲁司特钠片	64.02%	62.87%	96.73%	100.00%	100.00%	98.99%
帕罗西汀片	99.79%	100.00%	100.00%	100.00%	100.00%	100.00%
培美曲塞二钠针100 mg	57.57%	23.21%	65.59%	100.00%	100.00%	100.00%
培美曲塞二钠针500 mg	51.21%	79.41%	59.66%	100.00%	100.00%	—
瑞舒伐他汀钙片	73.21%	61.74%	67.23%	67.71%	70.89%	66.99%
替诺福韦二吡呋酯片	87.70%	95.93%	87.53%	100.00%	84.11%	88.71%
头孢呋辛酯片	100%	100.00%	100.00%	100.00%	100.00%	100.00%
伊马替尼片	47.66%	69.91%	60.94%	100.00%	100.00%	100.00%
右美托咪定注射液	98.31%	100.00%	83.76%	88.18%	92.81%	88.49%
左乙拉西坦片	100%	100.00%	100.00%	100.00%	100.00%	100.00%

第二季度中选药品使用占比未达标的有9个：奥氮平片5 mg、利培酮片、蒙脱石散、孟鲁司特钠片、培美曲塞二钠针100 mg、培美曲塞二钠针500 mg、伊马替尼片、右美托咪定注射液、左乙拉西坦片。其中奥氮平片5 mg的使用占比接近50%，为47.89%；而左乙拉西坦片的使用占比最低，仅为24.65%。第三季度中选药品使用占比未达标的药品下降至4个：蒙脱石散（47.40%）、培美曲塞二钠针100 mg（42.45%）、培美曲塞二钠针500 mg（40.50%）、伊马替尼片（49.61%）。第四季度所有中选药品使用占均达标。2020年第一季度所有中选药品使用占比也均达标。详见表3-7。

表3-7　2019年第二季度至2020年第一季度中选药品使用占比

药品	2019年第二季	2019年第三季	2019年第四季	2020年第一季	总
阿托伐他汀钙片	64.22%	72.11%	69.85%	73.39%	70.05%
艾司西酞普兰片	51.67%	63.03%	70.24%	70.27%	62.30%
氨氯地平片	95.70%	99.78%	99.90%	99.75%	98.69%
奥氮平片5 mg	47.89%	62.27%	66.73%	63.45%	57.74%
奥氮平片10 mg	58.77%	67.01%	68.03%	100.00%	60.00%
厄贝沙坦片	81.88%	83.55%	76.89%	81.36%	81.92%
厄贝沙坦氢氯噻嗪片	78.58%	82.96%	81.22%	79.55%	80.42%
恩替卡韦分散片	84.02%	90.05%	88.41%	92.14%	88.81%
氟比洛芬酯针	100.00%	100.00%	100.00%	100.00%	100.00%
福辛普利钠片	100.00%	100.00%	100.00%	100.00%	100.00%
吉非替尼片	98.49%	97.96%	99.40%	99.32%	98.78%

（续表）

药品	2019年第二季	2019年第三季	2019年第四季	2020年第一季	总
利培酮片	47.19%	50.52%	63.68%	60.33%	54.90%
氯吡格雷片	70.30%	75.22%	74.36%	76.62%	74.29%
氯沙坦钾片	69.18%	77.33%	70.96%	78.83%	75.77%
蒙脱石散	34.31%	47.40%	65.25%	99.48%	56.67%
孟鲁司特钠片	47.36%	62.10%	82.50%	99.62%	67.83%
帕罗西汀片	82.05%	98.26%	99.92%	100.00%	96.83%
培美曲塞二钠针 100 mg	33.18%	42.45%	57.73%	100.00%	81.93%
培美曲塞二钠针 500 mg	29.90%	40.50%	51.60%	93.55%	55.31%
瑞舒伐他汀钙片	67.99%	74.21%	69.01%	68.74%	70.15%
替诺福韦二吡呋酯片	85.33%	86.89%	87.15%	87.74%	86.64%
头孢呋辛酯片	100.00%	100.00%	100.00%	100.00%	100.00%
伊马替尼片	43.34%	49.61%	53.28%	100.00%	59.36%
右美托咪定注射液	37.86%	97.39%	84.30%	89.21%	72.83%
左乙拉西坦片	24.65%	89.38%	100.00%	100.00%	85.85%

从2019年4月至2020年3月，经过一年的实践，我院中选药品使用占比均已达标。

（三）指标完成情况总结

将25个中选药品按指标完成率和使用占比完成情况分为任务达标（两项指标完全达标）、任务完成良好（单项指标达标）和任务完成较差（两项指标均未达标）3类。我院2019年第二季度至2020年第一季度中选药品任务完成情况如表3-8所示。

表3-8　2019年二季度至2020年一季度中选药品任务完成情况

单位：个

任务分类	第二季度	第三季度	第四季度	第一季度
任务达标	13	19	23	22
任务完成良好	8	5	2	3
任务完成较差	4	1	0	0

1. 任务达标。

2019年第二季度任务达标的中选药品有13个，分别是阿托伐他汀钙片、氨氯地平片、厄贝沙坦片、厄贝沙坦氢氯噻嗪片、恩替卡韦分散片、氟比洛芬酯针、福辛普利钠片、吉非替尼片、氯吡格雷片、氯沙坦钾片、瑞舒伐他汀钙片、替诺福韦二吡呋酯片、头孢呋辛酯片。2019年第三季度任务达标的中选药品有19个：阿托伐他汀钙片、艾司西酞普兰片、氨氯地平片、奥氮平片5 mg、厄贝沙坦片、厄贝沙坦氢氯噻嗪片、恩替卡韦分散片、氟比洛芬酯针、福辛普利钠片、吉非替尼片、利培酮片、氯吡格雷片、氯沙坦钾片、孟鲁司特钠片、帕罗西汀片、瑞舒伐他汀钙片、替诺福韦二吡呋酯片、头孢呋辛酯片、右美托咪定注射液。2019年第四季度任务达标的中选药品有23个，比第三季度增加了蒙脱石散、培美曲塞二钠针500 mg，伊马替尼片、左乙拉西坦片。2020年第一季度任务达标的中选药品有22个。

2. 任务完成良好。

第二季度任务完成良好的中选药品有8个：艾司西酞普兰片、奥氮平片5 mg、奥氮平片10 mg、蒙脱石散、孟鲁司特钠片、帕罗西汀片、培美曲塞二钠针500 mg、伊马替尼片。第三季度任务完成良好的中选药品有5个：奥氮平片10 mg、蒙脱石散、培美曲塞二钠针500 mg、伊马替尼片、左乙拉西坦片。第四季度任务完成良好的中选药品有2个：奥氮平片10 mg、培美曲塞二钠针100 mg。2020年第一季度任务完成良好的中选药品有3个：奥氮平片5 mg、奥氮平片10 mg、氟比洛芬酯针。

3. 任务完成较差。

第二季度任务完成较差的中选药品有4个：利培酮片、培美曲塞二钠针100 mg、右美托咪定注射液、左乙拉西坦片。第三季度任务完成较差的中选药品只有1个：培美曲塞二钠针100 mg。第四季度没有任务完成较差的中选药品。2020年第一季度也没有任务完成较差的中选药品。

从2019年4月至2020年3月，经过一年实践，我院任务达标的中选药品有22个，任务完成良好的中选药品有3个：奥坦平片10 mg、培美曲塞二钠针、左乙拉西坦片，没有任务完成较差的中选药品。

二 原因分析

（一）指标得到改善的原因分析

我院在执行“4+7”药品集中带量采购政策首月（2019年4月），指标完成率≥100%的药品有15个，占60%；使用占比≥50%的药品有15个，占60%；任务达标药品有12个，占48%。第二季度指标完成率≥100%的药品有18个，使用占比≥50%的药品有16个，任务达标药品有13个。第三季度指标完成率≥100%的药品有22个，使用占比≥50%的药品有21个，任务达标药品有19个。第四季度指标完成率≥100%的药品有23个，使用占比≥50%的药品有25个，任务达标药品有23个。受新冠肺炎影响，2020年第一季度指标完成率≥100%的药品只有22个，但所有中选药品的使用占比≥50%，任务达标药品有22个，执行成效如图3-1所示。各项指标基本呈上升趋势，可归因于以下4点。

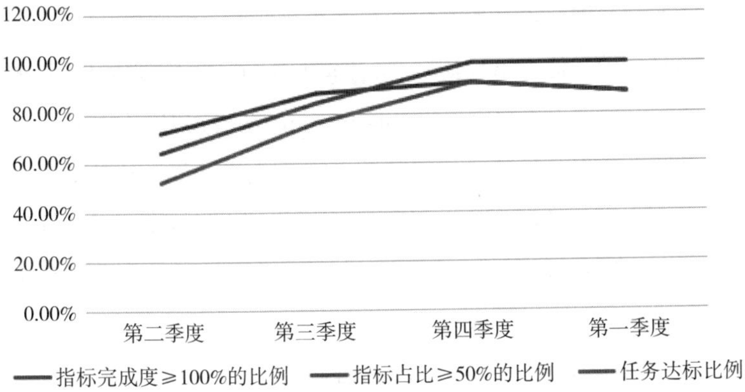

图3-1　2019年第二季度至2020年第一季度中选药品任务完成情况

1．科学顺畅的组织架构。

医院层面高度重视，成立以分管院领导主导、医务处牵头、相关部门协调的MDT小组，明确分工、抓落实，全程监控中选药品的任务完成情况。根据统计数据，定期总结。针对任务完成较差的中选药品，举行MDT小组会议，讨论改善措施并进行PDCA循环管理。

2．政策执行前全面宣讲。

执行“4+7”药品集中带量采购政策之前，我院临床药师到全院各个科室以及通过OA对相关政策进行宣讲，医院也通过多媒体、宣传栏等形式对患者及家属进行宣教。政策宣教使全院医生及患者对“4+7”中选药品带量采购有所了解，为政策的顺利执行做好了铺垫。

3．信息系统的支持。

我院2019年4月1日开始执行“4+7”药品集中带量采购政策，4月4日即实现了所有中选药品在开药系统中作相应标识，4月22日开始在信息系统新增“4+7非中选药品或类似药品”提醒功能以及签订《不使用国家采购中选药品的告知书》的措施。信息系统的标识及提醒功能对于帮助医生优先选择中选药品发挥了很大作用。此外，信息系统能够及时统计各科室中选药品使用情况，按月做出总结，对下一个月任务的执行提供了良好的数据基础。

4．责任明确到科室且与绩效挂钩。

我院执行“4+7”国家药品政策，将指标任务按2018年各科实际用量按比例分解至各临床二级科室，科室行政主任为第一责任人，每月定期公示未完成的科室，季度未完成的科室扣发该科室行政主任一个月职务津贴。

（二）任务完成较差的原因分析

总体上中选药品的指标完成率、使用占比都呈上升趋势，有个别药品任务完成较差。比如奥氮平片10 mg，每个月的指标完成率均在90%以下。而培美曲塞二钠针100 mg的指标完成率更是一直小于50%。培美曲塞二钠针500 mg的使用占比在第二、三季度均小于50%，左乙拉西坦片第二季度的使用占比在33%以下。我们根据中选药品全院及各科室使用情况，结合对医生、患者的相关调查，把不达标的原因总结为以下几点。

1. 使用非中选药品。

第二季度任务完成较差的中选药品有4个：利培酮片、培美曲塞二钠针100 mg、右美托咪定注射液、左乙拉西坦片。这4个药及其相应的非中选药品的使用情况如表3-9所示。

表3-9　第二季度任务完成较差的中选药品及其相应的非中选药品使用量

中选药品名称	中选药品指标量/片	中选药品使用量/片	指标完成率	非中选药品名称	非中选药品使用量/片	非中选药/中选药
利培酮片	33 036	30 285	91.67%	利培酮片（维思通）（合）	33 891	111.91%
右美托咪定注射液	6 528	6 004	91.97%	右美托咪定注射液	9 855	164.14%
左乙拉西坦片	84 207	14 774	17.54%	左乙拉西坦片（开浦兰）（进）	45 164	305.70%
培美曲塞二钠针100 mg	834	291	34.89%	培美曲塞二钠针（力比泰）（进）	477	163.92%

由表3-9可以看出，这4个中选药品相对应的非中选药品使用量均多于中选药品，这是中选药品的使用量达不到任务量的主要原因。

我院对利培酮片等中选药品选用非中选品种作了进一步调

查。利培酮片的主要使用科室为精神科，非中选品种利培酮片（维思通）为原研药，是我院一直使用的品种。根据前期收集的临床科室意见显示，精神科临床医生主要担心中选药品利培酮片的安全性及有效性问题。由于精神科的患者一旦病情控制不好，后果比较严重，并且抗精神病药起效时间较慢，重新启动另一种药物治疗需要的时间较长。中选药品品种的临床应用证据不足，安全性及有效性无法确定，因此对于长期使用原研药控制良好的患者，换药意愿不强。此外，由于精神疾病需要一段时间的维持治疗，因此门诊复诊患者相对较多。以上因素可能是导致非中选的原研药使用量较大的原因。老年综合病区是我院的老干病区，也是该药的主要使用科室，这几个病区都以公医治疗的患者为主，患者没有医保报销金额的压力，故药品价格不是选择用药的主要考虑因素。

因此，选用非中选药品可以归因为：①非原研药的安全性和有效性无法确定。②公费医疗患者对药品价格不敏感。

2. 使用相似药品。

我院第二季度与左乙拉西坦片相似品种有奥卡西平片（曲莱）、拉莫三嗪片（进）、托吡酯片（妥泰）25 mg、托吡酯片（妥泰）100 mg，这些药品的使用量情况如表3-10所示。分析发现，相似药品的使用量是中选药品使用量的14.58倍。由此可推断相似药品的替代性疗效使得中选药品的使用量达不到任务量。

3. 使用患者基数下降。

分析表3-10发现，左乙拉西坦片中选药品与非中选药品的使用量分别是14 774片和45 164片，两者相加为59 938片，为指标量的71.18%。同样，培美曲塞二钠针100 mg中选药品与非中选药品的使用量总和为768，占指标量的92.09%。从以上数据可以看出，即使所有的左乙拉西坦片和培美曲塞二钠针100 mg都选择中选品种也未能达到指标量。而指标量是根据2017年药品的实际使用量制定的，由此我们推断，相应疾病基础使用人群减少直接导致了药品使用量的下降。我们对左乙拉西坦片的处方科室医生调查结果显示：癫痫患者门诊量较去年有所下降，部分患者选择到院外买药。该调查验证了我们的推断。

表3-10　第二季度左乙拉西坦及其相应的非中选药品和相似药品的使用情况

项目	药品名称	规格	使用量/片	本品/中标品
中选药品	左乙拉西坦片	250 mg/片，30片/盒	14 774	/
非中选药品	左乙拉西坦片（开浦兰）（进）	0.25 g/片，30片/盒	45 164	305.70%
相似药品	拉莫三嗪片（进）	50 mg/片，30片/盒	61 587	416.86%
	托吡酯片（妥泰）（合）	25 mg/片，60片/盒	14 723	99.65%
	托吡酯片（妥泰）（合）	0.1 g/片，60片/盒	5 007	33.89%
	奥卡西平片（曲莱）（进）	0.15 g/片，50片/盒	134 030	907.20%

注：“/”表示指标完成率＞70%，或使用占比＞50%。

4．慈善援助项目药品。

我院之前在用的伊马替尼品种为进口原研药，此次中选的伊马替尼为国产仿制药，价格分别为159.60元/片与10.38元/片。虽然在我院一系列措施管控下，该中选品种第二、第三季度的指标完成率均≥100%，且第三季度的使用量较第二季度有很大提高，但使用占比仍未达标，分别是43.34%和49.61%。非中选的伊马替尼片（格列卫）是一个全球慈善援助项目药物，临床存在一部分符合慈善援助的患者。

格列卫援助对象分为两类：第一类为病前低保患者，经评估合格符合适应证的患者提供免费格列卫药品援助；第二类为非低保患者，经评估合格符合适应证的患者，以格列卫治疗年（12个月）为周期，患者自费使用前4个月的格列卫药品，后8个月的格列卫药品免费使用。因此，针对这些符合援助对象的患者，从患者利益出发，没有必要选择非中选品种。我院没有采用剔除非中选产品只开放中选产品的一刀切做法，从而更好地保障患者利益。

5．新型冠状病毒肺炎防控影响。

2020年1月18日，因为新型冠状病毒肺炎爆发，我院提前预判成立发热门诊，出台了一系列院内疫情防控措施，各项医疗流程全部服从防控需要，先后抽调呼吸科、感染科、重症医学部、急诊科、精神医学科、心脏重症、康复科等相关科室200多位医师支援湖北和广东的其他新冠肺炎定点收治医院，本院内隔离病房及发热门诊也进行相关防控工作。

2020年第一季度门诊人次只有去年同期的57.46%，出院人次只有去年同期的58.31%，疫情管控导致开具左乙拉西坦、奥痰平片、培美曲塞二钠针等中选药物的相关患者来院就诊人次锐减，相关精神科等科室医师出诊也锐减，导致我院2020年1季度左乙拉西坦完成量未达标，奥痰平片、培美曲塞二钠针等中选药物完成量比预期低很多。

三　中选药品执行的持续改进

根据原先制定的方案，“4+7”实行第一季度（4—6月）应完成当季度任务量的70%，第一、第二季度（4—9月）累积使用量要求完成不少于任务量的80%，第一、第二、第三季度（4—12月）累积使用量要求完成不少于任务量的90%，第一、第二、第三、第四季度（2019年4月至2020年3月）累积使用量要求完成不少于任务量的100%。此外，中选药品的使用占比必须≥50%。

我院执行“4+7”中选药品带量采购政策首月，执行结果良好，但仍有个别药物使用量较少、使用占比较低。为确保目标的完成，我院实施PDCA循环持续改进。

（一）第一轮PDCA循环

P1 现状分析：4月中选药品使用量小于指标量的70%、使用占比小于50%的药品如表3-11所示。其中，指标完成率<70%的有5个药品，占20%；使用占比<50%的有9个药品，占36%。主要是精神科用药，比如艾司西酞普兰片、奥氮平片、左乙拉西坦片，以及抗肿瘤药，如培美曲塞二钠针、伊马替尼片，还有呼吸道疾病药品孟鲁司特钠片，消化道疾病药品蒙脱石散。

表3-11　我院4月使用情况不达标的中选药品

药品名称	指标完成率	使用占比
艾司西酞普兰片	/	41.48%
奥氮平片5 mg	/	40.34%
蒙脱石散	58.55%	17.87%
孟鲁司特钠片	/	28.87%
帕罗西汀片（乐友）	44.22%	/
培美曲塞二钠针100 mg	28.78%	22.41%
培美曲塞二钠针500 mg	/	7.66%
伊马替尼片	/	33.50%
右美托咪定注射液	10.71%	10.87%
左乙拉西坦片	10.77%	13.97%

注：“/”表示指标完成率＞70%，或使用占比＞50%。

P1 原因分析：从表3-11我们可以看出，指标完成率小于70%主要是因为使用占比小于50%，即选用了非中选药品。为了挖掘深层原因，2019年5月22日MDT小组及相关科室主任就任务量不达标的中选药品进行了会议讨论和分析。我们得出，选用非中选药品的主要原因是：①宣教不到位，有些医生不了解甚至不知道该政策。②中选药品的一致性评价未得到医生患者的认可。

P1 目标：2019年5、6月份各项指标有所增长，并且2019年第二季度中选药品指标完成率≥70%，使用占比≥50%。

P1 制定措施：医务科联合药学部再次就“4+7”中选药品带量采购政策的意义和执行的必要性、紧迫性以及中选药品一致性评价结果等内容对医生、患者进行宣教。

D1 实施计划与措施：①医务科联合药学部通过OA、医院宣传栏就“4+7”政策进行宣传。②药学部到临床科室对医生进行宣教。③科室负责人组织科室医生进行内部学习。

C1 实施结果与目标对比：自以上措施实施后，2019年5月蒙脱石散的指标完成率达到了145.50%，艾司西酞普兰片、奥氮平片5 mg、孟鲁司特钠片、右美托咪定注射液的使用占比均达到了50%。右美托咪定注射液6月的指标完成率达到了95.82%。6月指标完成率小于70%的中选药品仅剩3个，使用占比小于50%的中选药品仅剩5个。尽管存在没有完成任务量的药品，但其相应指标均有所增长。如表3–12所示。

表3–12　我院6月任务量不达标的中选药品完成情况

药品名称	指标完成率	使用量增长率	使用占比	使用占比增长率
蒙脱石散	/	—	37.91%	112.11%
帕罗西汀片	62.32%	40.93%	/	—
培美曲塞二钠针100 mg	31.65%	9.97%	38.60%	72.25%
培美曲塞二钠针500 mg	/	—	43.55%	468.22%
伊马替尼片	/	—	47.77%	42.60%
左乙拉西坦片	18.00%	67.13%	27.72%	98.41%

注：增长率基数均为4月份数据，“/”表示指标完成率＞70%，或使用占比＞50%。

A1 对实施结果总结分析：中选药品5月、6月的指标完成率呈增长趋势，但个别药物仍然未达到任务量的70%，而且由于执行首月任务量完成情况偏差，导致我院2019年第二季度指标完成率未达到70%的药品有3个，使用占比未达到50%的有9个，如表3-13所示。存在的问题进入下一个循环。

表3-13　我院第二季度任务量不达标的中选药品

药品名称	指标完成率	使用占比
奥氮平片5 mg	/	47.89%
利培酮片	/	47.19%
蒙脱石散	/	34.31%
孟鲁司特钠片	/	47.36%
帕罗西汀片（乐友）	57.86%	/
培美曲塞二钠针100 mg	34.89%	33.18%
培美曲塞二钠针500 mg	/	29.90%
伊马替尼片	/	43.34%
右美托咪定注射液	/	37.86%
左乙拉西坦片	17.54%	24.65%

注：“/”表示指标完成率＞70%，或使用占比＞50%。

（二）第二轮PDCA循环

P2现状分析：由表3-13可知，除培美曲塞二钠针100 mg的规格外，帕罗西汀片（乐友）和左乙拉西坦片指标完成率都小于70%，分别为57.86%和17.54%。

P2 原因分析：帕罗西汀片和左乙拉西坦片第二季度的指标

完成率和使用占比分别是57.86%和82.05%、17.54%和24.65%。帕罗西汀片和左乙拉西坦片与其相应的非中选药品及相似药品的使用情况如表3-14和3-15所示。由这些数据可以看出，帕罗西汀片和左乙拉西坦片的指标完成率低的主要原因是使用了非中选药品和相似药品。

表3-14　第二季度帕罗西汀片及其相应的非中选药品和相似药品的使用情况

项目	药品名称	规格	使用量/片	本品/中标品
中选药品	帕罗西汀片（乐友）	20 mg/片，20片/盒	15 488	/
非中选药品	帕罗西汀片	20 mg/片，12片/盒	3 388	21.88%
相似药品	氟西汀胶囊（百优解）（合）	20 mg/粒，28粒/盒	38	0.25%
	氟西汀分散片（百优解）（进）	20 mg/片，28片/盒	24 676	159.32%
	度洛西汀胶囊（欣百达）（进）	60 mg/粒，14粒/盒	26 783	172.93%
	度洛西汀胶囊（奥思平）	20 mg/粒，20粒/盒	14 8857	961.11%
	托莫西汀胶囊（择思达）（进）	20 mg/粒，7粒/盒	6 225	40.19%
	托莫西汀胶囊（择思达）（进）	40 mg/粒，7粒/盒	4 295	27.73%

注：“/”表示指标完成率＞70%，或使用占比＞50%。

表3-15　第二季度左乙拉西坦及其相应的非中选药品和相似药品的使用情况

项目	药品名称	规格	使用量/片	本品/中标品
中选药品	左乙拉西坦片	250 mg/片，30片/盒	14 774	—
非中选药品	左乙拉西坦片（开浦兰）（进）	0.25 g/片，30片/盒	45 164	305.70%
相似药品	拉莫三嗪片（进）	50 mg/片，30片/盒	61 587	416.86%
	托吡酯片（妥泰）（合）	25 mg/片，60片/盒	14 723	99.65%
	托吡酯片（妥泰）（合）	0.1 g/片，60片/盒	5 007	33.89%
	奥卡西平片（曲莱）（进）	0.15 g/片，50片/盒	134 030	907.20%

注：“/”表示指标完成率＞70%，或使用占比＞50%。

P2 目标：前两季度帕罗西汀片和左乙拉西坦片的总使用量达到指标量的80%。

P2 制定措施：为了提高这两个中选药品的使用量，2019年7月19日，院领导组织相关科室召开讨论帕罗西汀片和左乙拉西坦片临床中使用问题的会议。随后，精神科、药学部也召开了相关会议，并制定了以下措施。①临床科室将院内不同类药品治疗同一类疾病的适应证进行科学分类，将方案报送给药学部和医务处。②药学部继续做好政策宣讲。③适当延长“左乙拉西坦片”开药天数，停用左乙拉西坦片原研药（开普兰）、国产帕罗西汀。

D2 实施措施：①针对帕罗西汀，药学部派人到精神卫生中心做政策宣讲。②7月25日，停用未中标的左乙拉西坦的原研药

（开普兰）、国产帕罗西汀。③7月31日，决定门诊癫痫患者与住院患者出院带药“左乙拉西坦”时开药天数延长至一个月。医保患者按照门诊慢性病流程可开一个月的药量。④药学部每月将左乙拉西坦片需要完成的指标量打印给神经科主任。⑤由于左乙拉西坦抗癫痫使用适用范围较广，精神科决定在有适应证的新的患者、需要联合治疗的患者上使用。

C2实施结果与目标对比：由图3-15可知，帕罗西汀片和左乙拉西坦片第三季度的指标完成率分别是138.87%和92.26%。而帕罗西汀片前两季度（4—9月）的总使用量已经达到了80%，为98.37%。左乙拉西坦片前两季度（4—9月）的指标完成率未达到目标，为56.03%，如表3-16所示。

表3-16　帕罗西汀片和左乙拉西坦片前两季度的使用情况

药品名称	总使用量/片	总指标量/片	指标完成率
帕罗西汀片（乐友）	52 659	53 532	98.37%
左乙拉西坦片	94 367	168 414	56.03%

A2对实施结果进行总结分析：经过一系列措施后，帕罗西汀片和左乙拉西坦片第三季度指标完成率较前一季度有较大增幅，且帕罗西汀片已达到目标值。停用左乙拉西坦片原研药后，中选的左乙拉西坦片8月、9月的指标完成率均在100%以上，但由于4—6月的使用量太少（指标完成率均<50%），所以左乙拉西坦片两季度总的使用量偏少。未解决问题进入下一个循环。

（三）第三轮PDCA循环的重点任务

前两个季度指标完成率未达到80%的药品有培美曲塞二钠针

100 mg、左乙拉西坦片。考虑到培美曲塞二钠针有两种规格均为中选药品，按比例折算后，其完成量达到了80%。也就是说，前两季度未达到任务量的仅有左乙拉西坦片1个药品。第三轮循环的主要目的便是提高全院左乙拉西坦片的使用量。此外，经过一个季度的使用，个别患者由于药品过敏、与个人身体不适合等原因而改用非中选药品，我院开药系统“使用非中选药品理由”的弹窗功能（此功能针对同一患者只弹窗一次）发挥其作用，收集了第三季度不使用中选药品的理由。对这些数据进行统计分析，结果如表3-17所示。不使用帕罗西汀片（乐友）、左乙拉西坦片的理由统计如表3-18所示。

表3-17　第三季度不使用中选药品的理由统计

项目	药品过敏	药品不良反应	非药品适合人群	与患者个人身体不适合的情况	转科续单	其他	总计
例数/例	64	107	298	4 089	103	767	5428
占比	1.18%	1.97%	5.49%	75.33%	1.90%	14.13%	100%

表3-18　第三季度不使用中选药品帕罗西汀片、左乙拉西坦片的理由统计

单位：例

中选药品	药品过敏	药品不良反应	非药品适合人群	与患者个人身体不适合的情况	转科续单	其他	总计
帕罗西汀片	0	3	7	91	1	13	115
左乙拉西坦片	1	2	2	41	4	24	74

不使用中选药品的原因主要是中选药品与患者个人身体不适合，占75.33%；但也出现了64例药品过敏、107例药品不良反应，这应该引起我们的重视。因此，除了中选药品使用量达到任务量的90%，监测中选药品的安全性以及适用性，确保安全用药和合理用药是这一阶段的重要任务之一。经过努力，我院第四季中选药品使用指标均达标，原本预计在第三轮PDCA相关措施的管控下在2020年第一季冲击完成相关品种的全年完成指标，但是由于2020年第一季度受到新型冠状病毒性肺炎管控影响导致我院左乙拉西坦片等指标完成情况未达PDCA预期。

第二节
患者购药用药分析

在药物安全有效的基础上，保证患者能够以低廉的费用享受到医疗服务，是国家药物集中采购政策的根本出发点和落脚点。“坚持以人民为中心”是《国家组织药品集中采购和使用试点方案》的基本原则之一，为切实保证患者利益，广州市医保局提出医疗机构在工作中应当处理好两个关系：一是医生和患者之间的关系。医生要充分尊重患者的选择，循序渐进、逐渐放量，科学替换。要特别关注长期用药的患者，避免“一刀切”简单停用原来百姓常用品牌的药品。不能出现“规定只能用仿制药”“其他的药不让用了”等类似不负责任的政策解释；不得为完成采购任务量，强行要求患者换药，引发不满情绪。二是处理好用药与监测之间的关系。落实国家试点工作，不是简单的完成任务量，一用了之，各医疗机构要持续关注患者用药情况，按要求做好中选药品临床使用情况监测，开展跟踪随访，及时根据病情调整用药，保证临床治疗安全。我院为了保证“4+7”药品更好惠及广大人民群众，了解患者对本院相关服务流程的满意度情况和建议，对在本院就诊开具“4+7”药品和原研药的患者进行问卷调查和患者访谈，从而为更好改善医疗服务提供循证依据。

一　调查对象和方法

（一）调查对象的纳入和排除标准

本次调查的目的在于探究“4+7国家药品集中采购”政策施行后相关患者的购药用药感受，以及他们对该政策的知晓程度和看法。因此，我们将调查对象的范围限定为两类：一类是本来使用原研药品，之后替换为通过一致性评价的中选药的患者；另一类是本来使用原研药，之后仍坚持使用同种药品的患者。26类中选药品中有五类药品涉及精神科患者和心理科患者，分别是：草酸艾司西酞普兰片、盐酸帕罗西汀片、奥氮平片、利培酮片、左乙拉西坦片，为保证调查结果的真实性和有效性，该部分患者被排除在外。

（二）调查方法

本次调查采用定量与定性结合的方法，既有问卷，也有典型患者访谈。调查问卷由广东省人民医院医务处起草，经MDT小组协商后形成最终版本。在各临床科室的协助下，医务处工作人员深入基层，向广大患者了解实际情况并征集群众意见。主要的调查地点有三处，一是位于东川门诊二层的取药处，患者经药师指引后到工作人员处协助调查；二是部分科室候诊处，患者经医师指引后到工作人员处配合问卷填写；三是心研所门诊部一楼的取药处。

由于本次集中采购的药品有相当一部分用于治疗心脑血管

疾病、控制慢性病，接受调查的患者大部分集中于55岁以上（约占调查患者数量的75%），考虑到患者认知可能存在困难，我们要求工作人员在调查时秉承着宁缺毋滥的原则，逐一解释问卷条目，亲自将结果录入，保证调查效果。

患者对国家政策的了解程度亦是本次调查的目的，有助于医院针对性地宣传国家政策，因部分患者对“4+7国家药品集中采购”了解不全面，我们要求工作人员在指导患者填写问卷之前，口头宣讲国家政策，再进行后续的询问。

（三）问卷设计

在调查前期查阅了大量相关文献，同时咨询了药学部门、医保处和临床科室的同事和专家的基础上，结合患者特点和政策内涵，设计了调查问卷。问卷共计29个条目，包括单选、多选、问答等问题，分为A、B、C、D、E五部分。A部分为人口学特征，B部分为“4+7”药品带量采购政策认知情况，C部分是患者就诊前药品选用倾向调查，D部分是患者就诊体验调查，E部分是就诊后患者用药后感受。其中，人口学特征包括性别、年龄、学历、付费方式、居住地、职业、就诊科室7个条目；“4+7”药品带量采购政策认知情况包括是否知晓与如何知晓2个条目；药品选用倾向调查包括影响药品选择的因素、倾向于哪类药品及原因等5个条目；患者就诊体验调查包括就诊目的、医患沟通和就诊满意度等8个条目；患者用药感受主要包括经济感受、药品疗效、药物副作用和对政策的建议等7个条目。

二 调查结果

（一）调查对象的人口学特征情况

本次问卷调查共收集有效问卷318份，其中，男性填写问卷162份，女性填写问卷156份。年龄方面，24岁及以下填写问卷7份，25～34岁填写问卷13份，35～44岁填写问卷23份，45～54岁填写问卷37份，55～64岁填写问卷55份，65岁及以上填写问卷183份，呈现典型的偏态分布特点。这是由于25类中选药品中有相当一部分用于控制慢性病和心脑血管疾病，用药群体年龄本身偏大。

付费方式方面，广州医保占49.37%，公费医疗占27.67%，异地医保、商业保险、自费的患者比例较低。学历方面，小学学历30人（占比9.43%），初中学历62人（占比19.5%），高中学历57人（占比17.92%），中专学历35人（占比11.01%），大专学历55人（占比17.3%），本科学历62人（占比19.5%），研究生学历8人（占比2.52%）。居住地方面，广州市市内284（占比89.31%），广东省其他市25人（占比7.86%），广东省外9人（占比2.83%）。职业方面，管理人员31人（占比9.75%），专业技术人员31人（占比9.75%），办事人员22人（占比6.92%），商业、服务业人员12人（占比3.77%），生产运输设备操作人员9人（2.83%），退休人员209人（占比65.72%），其他4人（占比1.26%）。

（二）用药患者对“4+7国家药品集中采购”的认知现状

首先，我们通过一个问题“请问您是否了解‘国家药品集中采购’政策”，根据对政策的了解程度将所有调查对象分为五个级别。在318个调查对象中，对政策非常了解的有8人，占2.52%；比较了解的有15人，占4.72%、一般了解的有21人，占6.6%；有些了解的有50人，占15.72%；没有了解的有224人，占70.44%。

从调查结果，我们不难看出，即便“药品国家集中采购”是一件利国利民的大好事，关系到用药患者的切身利益，但是近八成的患者对该政策知之甚少，七成的患者甚至完全没有了解。这样的结果不仅会对医院推进国家政策产生不利影响，也会影响到自身的就医用药体验。

为达到更好的宣传效果，我们有预见性地设计了第二个问题“请问您从何处了解该政策？”，该问题为半开放式问题，包括“新闻”“医院”“医生”“社区宣传”“其他”和“不了解”六个选项。有223人选择了“不了解”，同上一题的调查结果一致。在了解和部分了解的调查对象当中，47人从新闻了解部分知识，33人从医院了解，56人从医生处了解，只有7人从社区宣传了解。

从中可以看出，在推进药品国家集中采购政策的进程中，不能只有医院、医疗保障局等医疗卫生系统做出努力，其他相关部门也应该加大宣传力度，多管齐下，让更多人了解。药品国家集中采购的波及人群有相当一部分是中老年患者，宣传部门可以制作多种形式、简明易懂的宣传材料，利用报纸、电视、广播、基层卫生院等渠道，积极向大众普及。

广东省人民医院在发现该问题后，做了大量工作。首先，医生是患者健康的守门人，是患者接触政策的主要途径，我们的医生有必要也有义务将国家政策传达到每一个患者。为此，医院的药学部门和医务处联合对所有的科室主任展开政策传达和培训工作，并将相关的学习材料下发到科室，由科室主任和护士长以业务学习的形式组织内部学习，力求做到每位医生都能回答患者心中的疑点，更好地为患者服务。其次，医院宣传部门在门诊大厅和门诊部的每一层楼都设置了展板，从国家政策制定、中选药品价格和种类、中选药品的质量和疗效、医保支付标准等方面对国家药品集中采购政策进行了介绍，配之以简单明了的插图，供患者参考。

（三）患者药品选用倾向分析

在患者选药倾向调查中，研究者设计了五个问题，首先是影响选择药品的因素，可以看到有95.28%的调查对象选择了“是否安全有效”，远多于10.38%的“是否便宜”、5.97%的“是否进口”、4.09%的“是否报销”。这说明大部分的患者在选用药品时是比较理性的，将药品的安全和效果摆在第一位，没有盲目追求经济效用和进口药。也从侧面反映了国家新推行的仿制药一致性评价的必要性，为药品国家集中采购政策的推行打下了坚实的基础，让我们的医生在选择治疗方案时更有底气。随着政策的推进，要求所有上市的仿制药均通过一致性评价应该在不远的未来。

得到患者选择药品的因素后，进一步地，我们询问了患者关于中选药品和原研药的看法，接近一半的患者表示不清楚，18.55%的患者认为两者差不多；约四分之一的患者认为相比之下还是之前使用的原研药比较好，4.09%的患者认为中选的25种药品好。实际上，在经过一致性评价的大前提下，后两种看法是存在偏见的。但是我们在工作的开展过程中应该重视这种看法，尤其是有些患者始终坚持认为进口的就是比国产的药效好，不愿意使用国产的中选药。在这种情况下，我们要求医生要耐心地与患者沟通解释，不能简单粗暴地以执行国家政策为由直接限制患者的选择权，若患者在沟通后仍想开原研药，需要签署知情同意书，自愿承担基本医保报销未覆盖的费用部分。

随后，我们通过问卷条目“相比于中选的25种药品，您是否还是想用非中选品种”，将所有的调查对象分为A、B两个组，A组仍想选用原研药，B组没有坚持选用原研药。为探究人口学特征对该分组结果的影响，我们运用Logistic回归对影响因子进行了分析，分析结果如表3-19所示。

表3-19　Logistic回归分析结果

影响因素	b	Sb	Wald2	P
性别	–0.149	0.253	0.348	0.555
年龄	–0.480	0.129	13.949	0.000
学历	–0.163	0.069	5.671	0.017
付费方式	0.014	0.105	0.018	0.894
居住地	0.689	0.454	2.308	0.129
职业	0.091	0.050	4.332	0.038

经过Logistic回归分析，我们发现，性别、付费方式和居住地之间的组间差异无统计学意义（$P>0.05$）,年龄、学历和职业之间的组间差异有统计学意义（$P<0.05$），并且我们发现年龄

越大的患者越坚持选用原研药；受过大专、本科、研究生等高等教育的人群比起学历为小学、中学、中专的人群更坚持选用原研药；管理人员、专业技术人员和办事人员比起其他职业更坚持选用原研药。

这些分析结果给我们很大的启发，要求医务人员在工作中尤其要关注老人、高学历人群和脑力劳动者，这部分人的社会地位较高，做人做事都有自己的原则和想法，比较难做工作，但是由于文化程度较高，也比较容易沟通。医务人员还是要本着负责任的态度，耐心地做患者的工作，坚决避免“一刀切”。

在这部分问卷的最后，我们分别询问了A、B两组患者如此想法的原因，具体结果如表3-20所示。

表3-20　选择中选品种和非中选品种原因

坚持选用原研药品			选用中选药品		
选项	小计/人	占比	选项	小计/人	占比
之前吃的就是原研药品	79	70.54%	价格上更便宜	55	25.11%
担心中选药是否有效	79	70.54%	响应国家政策	20	13.7%
担心药品安全性	70	62.5%	医生推荐	191	87.21%
公医患者不担心价格问题	26	23.21%	相信中选药品安全有效	13	5.94%
其他	4	3.57%	其他	14	6.39%

以上结果可以看出，部分患者坚持使用原研药的主要原因集中在之前吃的就是原研药品、担心中选药品是否安全有效等问题，均为关系到自身的用药安全和生命健康的因素。

我院强调医生在与患者沟通时候，一定要将患者的健康安全放在第一位，重点放在对中选药品通过国家一致性评价的说明上。同时一定要做好用药患者的临床使用检测，展开定期随访工作，叮嘱患者不舒服及时到医院复诊，由医生展开评估工作。此外，87.21%的患者选用中选药品的原因包括医生推荐，这说明在医患关系中医生扮演着主导者的角色，医生一定要为患者健康站好最后一班岗。

（四）患者就诊体验调查分析

国家实施药品集中采购，就是要通过降低药品价格的方式，解决人民群众看病难、看病贵的问题，医院作为政策的执行者，不能只是简单地关注指标的完成度，更应当注意患者的满意程度，以及他们用药后的感受，做好国家和患者之间的联络人角色。同时，根据国务院办公厅在2019年1月发布的《关于加强三级公立医院绩效考核工作的意见》，患者满意度是55个考核指标的一个，可见其重要性。为此，我们设计了问卷的第四部分和第五部分。

第四部分最核心的问题是“您本次就诊的感觉如何”，我们将患者的满意度划分为五档，分别是“非常满意”“比较满意”“一般”“比较不满意”“非常满意”。结果如表3–21所示。

表3-21 "您本次就诊的感觉如何"填写结果

选项	小计/人	占比
非常满意	93	29.25%
比较满意	204	64.15%
一般	12	3.77%
比较不满意	5	1.57%
非常不满意	4	1.26%

可以看出，调查对象选择"非常满意"和"比较满意"的比例高达93.40%，"比较不满意"和"非常不满意"的比例仅占到2.83%，说明"4+7药品集中采购工作"在我院基本做到了平稳过渡，圆满完成了国家任务，同时不负人民群众的厚望。但是我们仍存在不足之处，对于少数患者，他们的就医体验并不满意，这给了我们审视问题和持续改进的空间。

本次药品所涉及的患者很多是慢性病患者，众所周知，诸如糖尿病、高血压病、冠心病之类的慢性病患者，为控制病情发展，需要定期服用控制药物。因此到医院就诊的患者主要分为两大类，一是知道自己是什么病，单纯找医生开药的；二是觉得身体不舒服，求助于医生，明确自己的疾病种类。围绕这一区分，我们设计了四个选项，分别是"感觉身体不舒服，找医生看病""我知道自己是什么病，找医生开药""找医生开药，身体也有不舒服，顺便咨询一下""其他"，结果如表3-22所示。

表3-22 “您到医院就诊的目的是什么”

选项	小计/人	占比
感觉身体不舒服，找医生看病	114	35.85%
我知道自己是什么病，找医生开药	152	47.8%
找医生开药，身体也有不舒服，顺便咨询一下	46	14.47%
其他	6	1.89%

不难得出，到医院开药控制病情的患者占到60%以上，这与大部分医生反映的情况相吻合。从更宏观的角度看，广东省人民医院作为广东省规模最大的三级甲等公立医院，拥有全省最优质的医疗资源，这样的资源应当用于急危重症患者的救治，而目前的患者结构是不符合社会卫生事业发展规律的，居民的慢性病管理应当在基层的社区卫生院或者乡镇医院做好，但这需要配套设施的逐步完善。在这种大环境下，我们尤其要关注长期开药的患者，持续关注该类患者的用药情况，要求定期复诊，及时上报出现的不良反应。

其次，我们通过问题“您是否觉得医生根据您的病情选择了合适的药物”探寻患者对医生的信任程度，患者对医生持怀疑态度是医患关系紧张的重要原因之一。调查结果是令人欣慰的，74.53%的患者选择了“是”，24.21%的患者选择了“不清楚”，只有1.26%的患者选择“否”。可以看出大部分的患者对医生是信任的，这为医生开展工作打下了坚实的群众基础，同时也在一定程度上反映我院所做的宣传工作是卓有成效的。

最后，通过问题“您下次就诊是否还会选择广东省人民医院”再次验证患者的满意程度，结果更是极大地鼓舞了医务人员的工作热情，接近95%的调查对象下次就诊还会选择广东省人民医院，只有0.63%明确表示不会。因此，我们可以自豪地宣布，广东省人民医院圆满地完成了国家的药品集中采购任务，在完成量的同时，也保证了患者的就医体验，实现了真真正正地为人民服务。

（五）患者用药感受

我们从三个方面入手了解患者换药后的主观感受，分别是经济感受、药品的疗效和药物副作用。经济方面，我们提出的问题是“您在更换中选药物后是否感觉到降低了经济负担？”，“感觉非常明显”和“比较明显”的总计占47.74%，略高于选择“有些明显”和“完全不明显”的，总计占43.71%。虽然25类中选药品平均降幅高达52%，但患者感受并不明显。我们猜测主要的原因可能有两类：一是药品作为治病救人的商品，中选价格区间大部分落在100元之内，患者对价格因素并不敏感，多数患者更加在意的还是药品的疗效；二是大部分患者属于社保群体，对医保报销后的价格不敏感。

进一步地，我们用人口学特征作为自变量，对该问题进行Logistic回归分析后发现，自变量性别、年龄、居住地和职业的P值均大于0.05，无明显的统计学意义；但付费方式和学历P值小于0.05，有统计学意义。为探究医保类型对患者的经济感受影响，我们把广州医保、异地医保和公费医疗三类患者列出来如下（图3-2）。

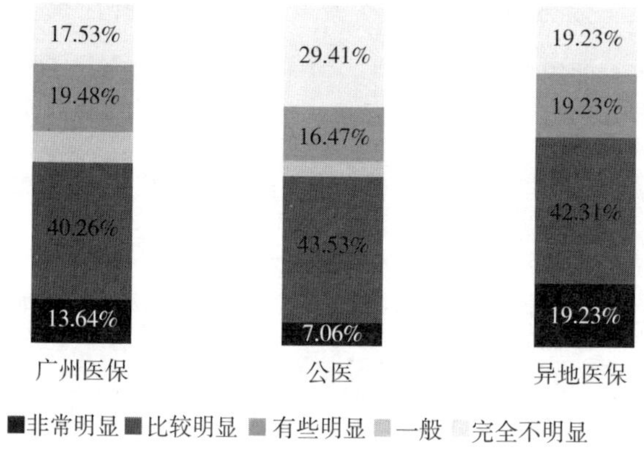

图3-2　医保患者经济感受构成

相比之下，广州医保和异地医保的降价感受比公医患者明显，广州医保和异地医保的报销比例在60%～70%之间，公费医疗的报销比例在90%以上，经过医保报销压缩后差价更小，这印证了我们之前的想法。通过问题“您换用中选药物后，跟之前相比感觉怎么样？”了解患者在换药后疗效方面的主观感受，大部分患者认为两药品效果差不多，占调查对象的72.64%，大多数患者认为原研药品疗效更好，占调查对象的72.64%，只有极个别患者认为中选药疗效更好。由于中选药品全部通过了严格的“一致性评价”，经讨论后我们认为，这种结果的出现可能是两种因素综合作用的结果，一方面部分患者在主观上存在抗拒中选药品的情绪，心理上的暗示产生了中选药品疗效更好的认知；另一方面患者在使用原研药时心理上给了自己积极的暗示，这样的暗示在慢性病控制中很可能产生了积极的效果。

最后，我们通过问题“与之前相比，您用药后是否有感觉不舒服”观察是否存在药物不良反应。调查结果显示感受到明显的药物副作用的患者只占3.14%，其他患者均未感受到明显的副作用。通过最后两个问题我们可以看出中选药品的安全性和有效性是有保证的。但值得警惕的是，仍有部分患者出现了服药后无效和不舒服的情况，面对这部分患者，药学部要重点关注，若确实存在这类情况，应以保障患者安全健康为首要目标，及时更换药品。

为更好佐证问卷结论，我们对30名可开具“4+7”药品的患者进行访谈，其中22名患者（占访谈人数73.33%）表示药品价格大幅下降减轻了经济负担及往返医院开药的次数，对缓解复诊开药难有帮助，得到了实惠。如患者张XX，女，65岁，诊断高血压病（1级），原使用络活喜5mg qd（6.85元×30天=205.5元），现使用氨氯地平片 5mg qd（0.15元×30天=4.5元），每月降压治疗降费201元。5名患者（占访谈人数16.66%）在使用“4+7”带量采购药品后分别因药效不佳或副作用较明显要求恢复原治疗用药。如患者李XX，女，51岁，诊断高脂血症，原来使用可定治疗，换用瑞舒伐他汀钙治疗后自觉胃肠反应较明显，要求恢复使用可定治疗。除上以外，还有3名访谈患（占访谈人数10.00%）者坚持使用原研药：一名患者表示对于推广使用国家“4+7”带量采购药品暂不发表意见，认为需经过一段较长时间验证，坚持使用原研药；一名患者认为“4+7”药品有效降低药费固然好，但认为药价并非越低越好，药品质量关乎患者生命健康，应该质量第一，长远来说，过低的药品价格不利于医药行业的良性发展；一名Z姓癫痫患者应用德巴金+妥泰治疗，病情稳定，不同意换用左乙拉西坦治疗。结合问卷分析和访谈结果分析，我们可知，我院大多数开具相关药品的患者都能接受“4+7”政策，绝大多数都从中获益，不同患者由于病情、认知、经济和社会地位等不同而对“4+7”药品形成了不同的选择。

三 讨论和建议

（一）加大宣传力度，提升宣传效果

我们在调查过程中发现，对国家政策了解程度越高的患者，越能支持医院和医生的工作，尤其是了解“一致性评价”的患者依从性相当高。这就体现出宣传工作的重要性，再好的政策，人民群众不了解，在实行过程中必然会产生问题。因此，在接下来的工作中，我院将继续多管齐下加大宣传力度。一是保持原有的宣传措施不变，门诊大楼的大厅和楼层将继续放置展板；二是制作简明易懂的宣传折页，通过门诊部办公室下发到每一个诊间，患者在就诊时医生可将折页拿给患者，配以讲解，达到更好的效果；三是联合越秀区周围的社区卫生院，将宣传海报贴到社区卫生院的展板上，进一步地扩大宣传范围，尤其要关注中老年人聚集的社区。

（二）强调医生职责，做好健康守门人

我们始终强调医生健康守门人的概念，在医患矛盾突出的今天仍然要坚守阵地，为人民群众的生命健康站好最后一班岗。同时，调查结果显示，不相信医生的患者毕竟是少数，绝大部分患者相当尊重医生的专业意见，表现出很强的依从性，这对工作开展产生积极的影响。因此，在落实政策的过程中，不能简单

粗暴地应付交差，解释为国家强制要求，要本着为患者着想的态度，以“一致性评价”和“降价”为切入点，晓之以理，动之以情，达到自愿使用中选药的效果。

（三）做好药物不良反应持续监测工作，开展抽样定期随访

我院是广东省临床药物使用监测重点单位，早在2009年就启用了“药物不良反应/事件报告卡信息录入系统”，该系统由药学部主管，具体的工作流程是临床上报可疑的药物不良反应，由药学部通过处方点评、病历质控等方式发现潜在的药物风险。针对“4+7药品带量采购”范围内的药品，一方面要加强药物不良反应的监测工作，另一方面要开展定期的抽样随访工作，抽样的群体应当向年老、长期用药的患者倾斜，及时根据病情调整用药，保证临床治疗安全。

第三节
医生处方行为分析

为更好地落实国家“4+7”药品带量采购政策，医院通过发放问卷形式就医生对“4+7”药品带量采购政策了解情况及实施情况进行调查。有120名医生参与调查，结果显示，参与调查的医生基本覆盖我院各个科室，75%是中级及以上职称，40.83%年龄段在35～44岁，68.33%担任行政职务。42.50%的医生对国家“4+7”带量采购政策比较了解，在满意度方面，39.17%的医生对“4+7”政策的执行满意度一般，另有30.83%的医生比较满意。在选择药品方面，一半以上（50.83%）的医生会向患者解释国家“4+7”带量采购政策，51.67%的医生在开药时会询问患者的意见。63.33%的医生会优先选择带量采购药品，67.50%的医生会根据患者情况来决定开什么药。医生未选择中选产品有以下几方面的原因：出于对中选药品有效性、安全性的疑虑，患者病情换药存在风险，以及患者强烈要求使用非中选品种，其中69.17%的医生未选择中选品种是由于患者病情需要而换药存在风险。由于患者强烈要求使用非中选产品导致未选择中选品种的医生占58.33%，约一半的医生（49.17%）担心中选药品有效性问题，另外有33.33%的医生对中选品种的安全性存在担忧。

为进一步考察“4+7”带量采购政策是否对医生的处方行为有所影响，我们从任务达标、任务完成良好和任务完成较差的药品中各选择一个药品，分别为替诺福韦二吡呋酯片、帕罗西汀片（乐友）、左乙拉西坦片。从用药有指标量的科室，抽取开具相应中选药品用量为前三名的医生。由于我院2020年第一季度中选药物指标完成率和指标量的完成受到新冠肺炎疫情因素影响，相关指标的完成量与医生个人处方行为关系不大，与去年同期也不可比。与此同时，我院2019年第四季度各项中选药品指标量基本已经达标，各项管控措施已经基本稳定没有变化，医生处方行为变化也已经基本形成，故主要分析他们2019年第二、第三、第四季度与2018年第二、第三、第四季度同期的处方行为变化，并同时对这9名医生做问卷调查，了解其对“4+7”带量采购政策的认知和其选择开与不开相关中选药品的原因。

一　抽选医生基本特征分析

由表3-23可知，分别抽取的替诺福韦二吡呋酯片、帕罗西汀片（乐友）、左乙拉西坦片开具量最大的3名医生均为中级以上职称，中共党员占大多数，年龄多在40～50岁。替诺福韦二吡呋酯片为抗病毒药物，故开具量最多的医生均在感染科；帕罗西汀片为抗抑郁症药物，我院主要开具医生集中在心理精神科和神经科；左乙拉西坦片主要用于成人及4岁以上儿童癫痫患者部分性发作的加用治疗，我院主要开具医生集中在儿科及神经科。

表3-23 抽选医生个人基本情况

医生	科室	年龄1岁	政治面貌	学历	聘任职称
A医生	感染科	39	中共党员	大学毕业	中级
B医生	感染科	43	中共党员	硕士研究生	副高
C医生	感染科	44	中共党员	博士研究生	副高
D医生	惠福门诊精神科	52	群众	大学毕业	正高
E医生	心理精神科	44	中共党员	博士研究生	正高
F医生	神经科	39	中共党员	硕士研究生	中级
G医生	神经科	55	群众	大学毕业	副高
H医生	儿科重症监护室	57	中共党员	大学毕业	正高
I医生	普儿科	46	群众	大学毕业	副高

由表3-24可知，完成一般和较差的中选品种的抽选医生的总体处方用量在2019年第二季度分别同比出现一定程度下滑和大幅下滑，在2019年第三季度及第四季度其总体处方用量才同比有一定程度改善，其中开具帕罗西汀的E医生和开具左乙拉西坦的H医生处方用量同比增幅改善最大，而G医生开具处方总用量在四季度同比也有一定改善。

表3-24　抽选医生处方用量总量变化情况

医生	2018年第二季度	2019年第二季度	第二季度同比	2018年第三季度	2019年第三季度	第三季度同比	2018年第四季度	2019年第四季度	第四季度同比
A	29 318	49 438	68.63%	30 879	45 764	48.20%	32 306	45 197	39.90%
B	34 570	31 999	-7.44%	30 266	40 831	34.91%	29 556	38 703	30.95%
C	54 886	61 547	12.14%	49 322	65 863	33.54%	51 589	67602	31.04%
D	39 685	29 389	-25.94%	35 708	31 770	-11.03%	32 569	28 461	-12.61%
E	36 176	35 001	-3.25%	30 730	46 221	50.41%	34 097	39 980	17.25%
F	40 285	28 335	-29.66%	40 718	34 194	-16.02%	28 974.5	32 425	11.91%
G	229 780	105 130	-54.25%	237 604	108 048	-54.53%	154 304	123 215	-20.15%
H	96 361	38 220	-60.34%	42 841	44 489	3.85%	53 357	44 983	-15.69%
I	46 559	43 547	-6.47%	40 163	45 781	13.99%	41 775	52 205	24.97%

注：处方用量涵盖门急诊和住院

由表3-25可知，抽选的三类药品的开具处方量最大的3名医生普遍存在开具药品总金额下滑趋势，即使是中选任务完成好的替诺福韦二吡呋酯片，A医生处方用量总金额在第二季度同比大幅提升，而B医生处方用量总金额在第二季度同比大幅下滑，H医生在第三季度处方用量总金额同比上升而在第四季度同比下降，体现了同一品种不同医生处方行为的巨大差异。

表3-25　抽选医生处方用量总金额变化情况

医生	2018年第二季度	2019年第二季度	第二季度同比	2018年第三季度	2019年第三季度	第三季度同比	2018年第四季度	2019年第四季度	第四季度同比
A	476 646.58	684 726.67	43.66%	535 791.57	552 661.92	3.15%	581 594.13	478 405.30	-17.74%
B	571 632.59	252 975.16	-55.75%	520 154.51	468 945.85	-9.84%	454 456.16	259 882.81	-42.81%
C	851 752.67	682 691.95	-19.85%	669 750.62	584 214.46	-12.77%	827 189.54	525 957.10	-36.42%
D	164 916.13	105 092.21	-36.28%	148 024.17	110 995.82	-25.02%	130 226.64	106 761.42	-18.02%
E	167 620.06	149 534.37	-10.79%	148 138.96	224 258.88	51.38%	169 044.86	193 212.95	14.30%
F	541 230.50	390 074.67	-27.93%	552 359.78	368 234.11	-33.33%	374 338.34	370 720.41	-0.97%
G	780 624.35	333 801.34	-57.24%	847 202.45	348 356.75	-58.88%	542 793.53	340 303.54	-37.31%
H	322 885.69	99 497.98	-69.18%	122 101.69	150 038.67	22.88%	162 049.97	135 080.58	-16.64%
I	268 460.23	212 851.68	-20.71%	218 612.04	162 357.16	-25.73%	211 788.84	217 037.85	2.48%

二　同一通用名中选药品数量变化

如表3-26所示，A、B、C 3名医生比较的药品为替诺福韦二吡呋酯片，D、E、F 3名医生比较的药品为帕罗西汀片（乐友），G、H、I 3名医生比较的药品为左乙拉西坦片。

从表3-26中可知，抽选的9名医生在2018年均未开具过以上三种中选药的处方，院内同一通用名药品使用以原研药为主导。任务完成好的品种的医生中选处方人次数远高于去年同期原研药的处方人次数，而任务完成一般的帕罗西汀片和任务完成相对较差的左乙拉西坦片的中选药开具处方人次数远低于去年同期的原研药处方人次数，从侧面反映了帕罗西汀片、左乙拉西坦片完成不好的原因。其中，E、F、G、H、I医生在第二季度的帕罗西汀片、左乙拉西坦片同一通用名的药物开具处方人次数同比大幅下滑，但是E、F、G、I医生同一通用名的药物开具处方人次数在第三季度均有较大程度改善，其中E、F、I医生处方人次数同比超过了去年同期，而H医生的处方人次数在第三季度仍然同比大幅降低。随着我院第三季度采取的干预措施，完成不好的品种的G、H、I 3名医生在第四季度中选药处方人次环比均有可观增长，其中H医生环比增长达到2倍。

2019年4—12月，原研药处方人次与去年同期相比大幅下滑，如F医生、G医生、I医生，随着在第三季度针对帕罗西汀片、左乙拉西坦片原研药使用的管控，其相应原研药使用量均大幅下滑。

表3-26　三种中选药品开具处方患者人次数情况

医生	药品类型	2018年第二季度	2019年第二季度	第二季度同比	2018年第三季度	2019年第三季度	第三季度同比	2018年第四季度	2019年第四季度	第四季度同比
A	中选药	0	120	—	0	136	—	0	123	—
	原研药	74	15	-79.73%	133	21	-84.21%	123	29	-76.42%
B	中选药	0	123	—	0	124	—	0	167	—
	原研药	32	1	-96.88%	98	2	-97.96%	104	4	-96.15%
C	中选药	0	121	—	0	151	—	0	159	—
	原研药	47	35	-25.53%	92	16	-82.61%	129	11	-91.47%
D	中选药	0	39	—	0	54	—	0	32	—
	原研药	58	13	-77.59%	36	1	-97.22%	2	0	-100%
E	中选药	0	24	—	0	40	—	0	24	—
	原研药	40	0	-100%	37	1	-97.30%	2	0	-100%
F	中选药	0	6	—	0	16	—	0	12	—
	原研药	16	2	-87.50%	9	0	-100%	0	0	—
G	中选药	0	16	—	0	157	—	0	175	—
	原研药	60	11	-81.67%	297	24	-91.92%	223	0	-100%
H	中选药	0	33	—	0	52	—	0	155	—
	原研药	260	25	-90.38%	148	0	-100%	169	0	-100%
I	中选药	0	22	—	0	89	—	0	110	—
	原研药	91	39	-57.14%	90	4	-95.56%	94	0	-100%

注：患者人次数=门急诊人次+住院人次

表3-27　三种中选类型药品使用量最大前3名医生具体处方数量情况

医生	药品类型	2018年第二季度	2019年第二季度	第二季度同比	2018年第三季度	2019年第三季度	第三季度同比	2018年第四季度	2019年第四季度	第四季度同比
A	中选药	0	3 499	—	0	4 037	—	0	3 550	—
	原研药	841	234	-72.18%	1 711	358	-79.08%	1 615	598	-62.97%
B	中选药	0	3 661	—	0	3 699	—	0	4 826	—
	原研药	327	1	-99.69%	1 215	14	-98.85%	1 307	40	-96.94%
C	中选药	0	3 611	—	0	4 530	—	0	4 770	—
	原研药	386	518	34.20%	1 162	253	-78.23%	1 822	238	-86.94%
D	中选药	0	1 120	—	0	1 480	—	0	1 000	—
	原研药	1 197	348	-70.93%	928	24	-97.41%	36	0	-100%
E	中选药	0	800	—	0	1 033	—	0	800	—
	原研药	324	0	-100%	894	3	-99.66%	192	0	-100%
F	中选药	0	260	—	0	335	—	0	327	—
	原研药	449	36	-91.98%	300	0	-100%	0	0	—
G	中选药	0	5 280	—	0	11 940	—	0	15 870	—
	原研药	22 980	5 310	-63.42%	31 560	1 350	-95.72%	15 810	0	-100%
H	中选药	0	2 100	—	0	4 230	—	0	12 000	—
	原研药	19 440	1 620	-91.57%	9 090	0	-100%	10 650	0	-100%
I	中选药	0	1 470	—	0	7 194	—	0	8 768	—
	原研药	7 892	3 270	-58.57%	6 259	210	-96.64%	6 400	0	-100%

注：使用数量（片）涵盖门急诊和住院

由表3-27可知，抽选的替诺福韦二吡呋酯片3名医生中选品种开具量远高于去年同期原研药开具量，且呈现环比增加趋势，体现了政策的良好效果，其中C医生原研药开具量在第二季度同比大幅增加，但是随着政策导向和科室教育，其接下来的替诺福韦二吡呋酯片原研药开具量同比呈现大幅下降。在抽选的帕罗西汀片3名医生中，E医生政治觉悟较高，在政策实行初期就全部改为中选药，且开出处方量同比原研药大幅增加；D医生则由于政策刚开始，知晓度低，故中选量只是与过往量持平；F医生则由于相应专科患者的减少而在初期开具的使用量未有原研药多。在第二季度医院政策的干预下，三名医生在第三季度的帕罗西汀片用量环比均得到提升，体现了政策干预的良好效果，而第三季度D、E、F三名医生开具同一通用名帕罗西汀片的患者环比大幅减少导致开具量也出现了环比下降。在抽选的左乙拉西坦片3名医生中，第二季度只有H医生的中选药开具量高于原研药，且3名医生仍开具较大数量的原研药，随着第三季度的政策干预，H医生原研药开具量降低为0，而I医生原研药开具量大幅下滑，体现了刚开始执行力力度好的医生后续再干预下执行得更好，而刚开始执行力欠佳的两名医生后续则迅速跟上，中选药开具量环比大幅增加的同时原研药开具量大幅下滑。通过比较表2-24和表3-27可知，开具帕罗西汀片中选药的医生处方用量环比增幅与其总处方量的增长密切相关，而A医生虽然总体处方用量环比下滑了，但是其中选药环比季度用量仍然大幅增长，而左乙拉西坦片中选药开具量的大幅增长也与其总体处方用量的变化关联不大，体现了医生开具中选药数量增幅与其处方总用量变化趋势的关联较弱，暗示目前医生总处方用量不是影响部分我院中选药推行效果的主要因素。

三 同一通用名中选药品数量结构变化

由下表3-28可知，与2019年第二季度相比，A、B医生替诺福韦二吡呋酯片中选药人数占比和中选药处方数量占比环比两个季度均有微幅下滑，而C医生则环比不断增加并在中选药人数占比和中选药处方数量占比中超过A医生，体现了刚开始做得好的医生会存在一定懈怠处方行为，而做得相对差的医生即使已经达到要求仍会在医院不断宣传的影响下持续改进自身行为，这同样体现在开具帕罗西汀片（乐友）E医生和D、F医生的对比。而针对完成较差的左乙拉西坦片开具量，由于3名医生刚开始的政策执行水平均较低，在我院针对相关科室的针对性干预下，其均实现中选药人数占比和中选药处方数量占比环比的大幅增长，体现了政策效果。

表3-28 开具中选药人数和处方数量占比变动情况

药品名称	医生	中选药处方人次数占比			中选药处方数量占比		
		2019年第二季度	2019年第三季度	2019年第四季度	2019年第二季度	2019年第三季度	2019年第四季度
替诺福韦二吡呋酯片	A医生	88.89%	86.62%	80.92%	93.73%	91.85%	85.58%
	B医生	99.19%	98.41%	97.66%	99.97%	99.62%	99.18%
	C医生	77.56%	90.42%	93.53%	87.45%	94.71%	95.25%

（续表）

药品名称	医生	中选药处方人次数占比			中选药处方数量占比		
		2019年第二季度	2019年第三季度	2019年第四季度	2019年第二季度	2019年第三季度	2019年第四季度
帕罗西汀片（乐友）	D医生	75.00%	98.18%	100.00%	76.29%	98.40%	100.00%
	E医生	100.00%	97.56%	100.00%	100.00%	99.71%	100.00%
	F医生	75.00%	100.00%	100.00%	87.84%	100.00%	100.00%
左乙拉西坦片	G医生	59.26%	86.74%	100.00%	49.72%	89.84%	100.00%
	H医生	56.90%	100.00%	100.00%	56.45%	100.00%	100.00%
	I医生	36.07%	95.70%	100.00%	31.01%	97.16%	100.00%

注：处方人次数占比指开具中选药处方人次占开具同一通用名药品处方人次的比例；开具中选处方数量占比指中选药处方数量占同一通用名药品处方数量的比例

由下表3-29可知，与2019年第二季度相比，2019年第三季度9名医生均出现相应中选药品使用数量占其总体药品使用数量的比例环比大幅增加的行为，其中完成越差的品种的医生其环比增幅就越大，体现了政策不断深入推进的影响。

完成任务好的开具替诺福韦二吡呋酯片的医生次均处方中选药品数量初期环比小幅增加，后期随着任务完成已经达标其中选药品使用数量占总体药品使用数量比例和次均处方中选药品数量开始环比出现一定程度下滑；开具帕罗西汀片的医生的次均处方中选药品数量初期环比下滑，但是总体用量呈现大幅增长，到了第四季度其次均中选药品数量呈现环比大幅增长而占体药品使用数量比例开始环比下滑，体现了初期3名医生帕罗西汀片用量的增长主要通过更高比例的处方人次开具了帕罗西汀片，而非通过增加每个患者的用量，而后期这3名医生又通过增加了次均患者处方数量的形式来应对医院的管控措施。开具左乙拉西坦片的3名医生的次均中选药品数量在第三季度环比大幅增加，而中选药品使用数量占总体药品使用数量比例环比两个季度大幅增加，体现了医生为了应对医院考核要求，提高了自身每处方人次的中选药品开具数量的同时增加了开具中选药的处方人次，说明了我院政策管控效果的深化。

表3-29　选用中选药品数量占总处方量比例变动情况

药品名称	医生	次均处方中选药品数量			中选药品使用数量占总体药品使用数量比例		
		2019年第二季度	2019年第三季度	2019年第四季度	2019年第二季度	2019年第三季度	2019年第四季度
替诺福韦二吡呋酯片	A医生	29.16	29.68	28.86	11.93%	13.07%	7.85%
	B医生	29.76	29.83	28.90	10.59%	12.22%	12.47%
	C医生	29.84	30.00	30.00	6.58%	9.18%	7.06%
帕罗西汀片（乐友）	D医生	28.72	27.41	31.25	2.82%	4.14%	3.51%
	E医生	33.33	25.83	33.33	2.21%	3.36%	2.00%
	F医生	43.33	20.94	27.25	0.65%	0.82%	1.01%
左乙拉西坦片	G医生	57.39	76.05	90.69	2.30%	5.03%	12.88%
	H医生	63.64	81.35	77.42	2.18%	9.87%	26.68%
	I医生	66.82	80.83	79.71	3.16%	17.91%	16.80%

注：次均处方中选药品数量是指开具中选药处方中每患者次均中选药的用量

通过对抽选的开具替诺福韦二吡呋酯片的3名医生用药种类结构进行分析，而3名医生2019年在具体的抗病毒药物选择方面有较明显的改变，而其他方面的用药行为改变不大。在“4+7”药品集中采购政策下，2019年4月以来，A、B、C 3名医生抗病毒药品主要选择的是中选的品种替诺福韦二吡呋酯和恩替卡韦分散片，说明这3名医生的处方行为在“4+7”药品政策下做了相应改变，能较好地响应和执行国家政策。开具帕罗西汀的3名医生用药种类结构与具体的抗抑郁症药物选择方面与去年同期相比也没有明显差异，非中选的帕罗西汀片使用量下降了很多，其第二、第三季度主要还是以使用中选的帕罗西汀为主，但是从所有的抗抑郁药种类中，3名医生都未将中选的帕罗西汀片作为首选的抗抑郁药，帕罗西汀片仍有文法拉辛缓释胶囊（怡诺思）、艾司西酞普兰片（来士普、舍曲林（左洛复）、氟伏沙明片（兰释）、氟西汀分散片（百忧解）等相似药可供选择，其在第四季度开具中选药的总量环比还出现一定程度下滑。开具左乙拉西坦片的3名医生用药种类结构与具体的抗抑郁症或癫痫药物选择方面与去年同期相比也没有明显差异，2019年第二季度3名医生所有相关药物包括左乙拉西坦片（开浦兰）用量同比都下降了，在我院政策干预后，左乙拉西坦片中选药的使用量得到了不断提升，在2019年11月份其月度指标完成量已经超过113.48%，后续由于2020年一季度新冠肺炎疫情的影响导致该中选药的完成量未达标。

四 中选药处方金额和处方天数变化

由表3-30可知，与2019年第二季度相比，第三季度替诺福韦二吡呋酯片处方次均中选药品金额环比均有小幅增加，左乙拉西坦片处方次均中选药品金额环比均有较大幅度增加，体现了次均处方量的增加，而帕罗西汀片的中选药的处方次均金额环比均有小幅下降，与三类药品处方用量趋势一致。

由于我院持续推进药比管控，故除了A医生次均处方药品金额在第三季度仍同比小幅增加，其他医生的次均药品金额均呈现同比下滑趋势。A、B医生虽然在开具替诺福韦二吡呋酯片中选药的处方行为上执行上很好，但是A医生在第二、第三季度次均处方药品总费用同比仍在增加，B医生在第三季度次均处方药品总费用环比大幅增加且同比降幅大幅缩小，某种意义上成为我院药品总体管控执行不好的医生，而C医生在持续较好完成替诺福韦二吡呋酯片开具量指标任务的同时，其原研药次均费用和次均处方药品总费用均呈现下降趋势。完成任务差的开具左乙拉西坦片的3名医生总体次均处方药品金额均呈现大幅下滑，但是中选药的次均药品金额出现环比大幅增长；完成任务一般的开具帕罗西汀片的3名医生总体次均处方药品金额均呈现大幅下滑的同时，其中选药的次均药品金额仍保持环比下滑趋势，体现了总体药品管控和中选药品政策干预的多重影响，该3名医生选择通过提升处方次数的方式而非提高次均处方量的行为来增加中选药的使用，从而满足医院多重管控目标。

综上，在局部处方行为符合医院导向的医生总体来看可能并没有在整体上表现的比局部处方行为不好的医生好，即使同是局部处方行为好的医生其整体处方行为仍可能表现较大差异，这与每个医生的收治病种结构、处方习惯、收治人次数、医院其他相关干预政策等密切相关。

表3-30 部分中选药品开具处方患者次均药品费用情况

医生	药品类型		次均处方药品金额			次均处方药品金额		
			2018年第二季度	2019年第二季度	第二季度同比	2018年第三季度	2019年第三季度	第三季度同比
A医生	替诺福韦二吡呋酯片	中选药	—	17.22	—	—	17.53	—
		原研药	210.13	171.65	−18.31%	210.13	184.57	−12.16%
	所有药		179.66	182.35	1.50%	168.86	171.16	1.36%
B医生	替诺福韦二吡呋酯片	中选药	—	17.58	—	—	17.62	—
		原研药	166.91	10.98	−93.42%	202.5	76.86	−62.04%
	所有药		214.26	133.14	−37.86%	184	163.45	−11.17%
C医生	替诺福韦二吡呋酯片	中选药	—	17.63	—	—	17.72	—
		原研药	134.14	162.51	21.15%	206.3	137.68	−33.26%
	所有药		213.42	163.13	−23.56%	173.02	157.77	−8.81%
D医生	帕罗西汀片（乐友）	中选药	—	47.96	—	—	45.77	—
		原研药	181.51	90.43	−50.18%	240.21	81.07	−66.25%
	所有药		84.41	95.11	12.68%	95.07	81.92	−13.83%

（续表）

医生	药品类型		次均处方药品金额			次均处方药品金额		
			2018年第二季度	2019年第二季度	第二季度同比	2018年第三季度	2019年第三季度	第三季度同比
E医生	帕罗西汀片（乐友）	中选药	—	55.67	—	—	43.13	—
		原研药	—	192.16	—	194.05	20.93	–89.21%
	所有药		104.31	105.01	0.67%	109.25	104.6	–4.26%
F医生	帕罗西汀片（乐友）	中选药	—	72.37	—	—	34.97	—
		原研药	260.44	60.81	–76.65%	309.35	—	—
	所有药		292.41	313.94	7.36%	326.07	239.27	–26.62%
G医生	左乙拉西坦片	中选药	—	137.74	—	—	182.52	—
		原研药	372.22	184.68	–76.17%	469.88	221.06	–64.44%
	所有药		141.37	94.59	–33.09%	160.91	100.71	–37.41%
H医生	左乙拉西坦片	中选药	—	152.73	—	—	195.23	—
		原研药	330.62	254.66	–22.98%	271.59	—	—
	所有药		206.32	140.93	–31.69%	156.74	185	18.03%
I医生	左乙拉西坦片	中选药	—	160.36	—	—	194.05	—
		原研药	383.59	329.52	–14.10%	346.12	206.33	–40.39%
	所有药		140.11	91.12	–34.97%	156.04	89.7	–42.51%

由表3-31可知，三种不同完成状态的中选药物中，其处方量最大的3名医生之间均存在有中选药占其次均药品费用比例环比增大或减少的现象，这体现了医生的个人特征对其处方行为的影响，即使是完成任务好的开具替诺福韦二吡呋酯片的医生，其也存在原研药占其次均药品费用比例环比增加的现象，其中B医生由于2019年第二季度只开出一片替诺福韦二吡呋酯片原研药，导致其原研药次均处方金额大增。F、H医生在2019年第三季度完全暂停相关原研药开具之后，其中选药占其次均药品费用比例呈现下降趋势。虽然H医生开具相应中选处方人次和总处方数量

表3-31　患者次均中选药品金额占其次均药品总费用比例

药品名称	医生	中选药占其次均药品费用比例			原研药占其次均药品费用比例		
		2019年第二季度	2019年第三季度	第三季度环比	2019年第二季度	2019年第三季度	第三季度环比
替诺福韦二吡呋酯片	A医生	9.44%	10.24%	8.46%	94.13%	107.83%	14.56%
	B医生	13.20%	10.78%	-18.36%	8.25%	47.02%	470.19%
	C医生	10.81%	11.23%	3.93%	99.62%	87.27%	-12.40%
帕罗西汀片（乐友）	D医生	50.43%	55.87%	10.80%	95.08%	98.96%	4.08%
	E医生	53.01%	41.23%	-22.22%	182.99%	20.01%	-89.07%
	F医生	23.05%	14.62%	-36.60%	19.37%	—	—
左乙拉西坦片	G医生	145.62%	181.23%	24.46%	195.24%	219.50%	12.43%
	H医生	108.37%	105.53%	-2.62%	180.70%	—	—
	I医生	175.99%	216.33%	22.92%	361.63%	230.02%	-36.39%

环比均有所增长，但是并未改变其中选药占其次均药品费用比例下滑趋势，这可能是由于该医生开具更高比例的药品价格更高的药品。基于H医生的访谈，其并不知道自身有左乙拉西坦片使用量指标，其开具了更高比例的可替换左乙拉西坦片的药［如奥卡西平片（曲莱）、拉莫三嗪片（进）等进口药］，也并不愿意透露自己不选择左乙拉西坦片的原因，体现了该医生的消极应对策略，故其中选药处方使用量也远低于其相似药处方数量。而F医生由于中选药品使用数量（片）占总体药品使用数量比例非常很低且中选药处方总量环比大幅增长，故其更多的是由于受到病种收治结构等其他因素的影响。

通过比较中选药与原研药各自占其次均药品费用的比例可知，中选药价格远比原研药便宜，能让患者获得更多实惠，体现了国家政策的公益性。但是左乙拉西坦片中选药占其次均药品费用比例与原研药占其次均药品费用比例相差相对较少，而完成越好的品种其中选药占其次均药品费用比例与原研药占其次均药品费用比例相差的越来越大。我院在对开具左乙拉西坦片进行干预后，其医生处方的中选药的次均处方用量和金额均出现大幅增加，通过更多的开具每处方人次左乙拉西坦片量来应对指标量完成的不足。

由表3-32可知，与2019年第二季度相比，3名开具帕罗西汀片中选药的医生的开药天数环比大幅降低，这也导致其处方人次数大幅增加的同时中选药处方数量环比增幅较低，而3名开具左乙拉西坦片中选药的医生的开药天数环比大幅升高，其开中选药的处方人次也环比大幅增加，故左乙拉西坦片中选药完成量在三季度得到较大幅度改进。替诺福韦二吡呋酯片由于二季度任务完成大幅超预期，故A、B、C医生的开药天数行为出现分化。

表3-32 部分中选药品每患者次均开药天数情况

药品名称	医生	药品类型	每患者用药天数				
			2018年第二季度	2019年第二季度	2018年第三季度	2019年第三季度	2019年第三季度环比
替诺福韦二吡呋酯片	A医生	中选药	—	8.38	—	9.31	11.10%
		原研药	11.36	15.6	12.86	16.81	7.76%
	B医生	中选药	—	20.84	—	13.62	-34.64%
		原研药	10.22	1	14.7	7	600.00%
	C医生	中选药	—	8.34	—	5.56	-33.33%
		原研药	8.21	14.8	12.63	12.54	-15.27%
帕罗西汀片（乐友）	D医生	中选药	—	14.28	—	13.43	-5.95%
		原研药	17.67	12.38	14.82	7	-43.46%
	E医生	中选药	—	13	—	8.9	-31.54%
		原研药	11	—	10.03	3	—
	F医生	中选药	—	22.33	—	12.13	-45.68%
		原研药	16.56	7	17.22	—	—
左乙拉西坦片	G医生	中选药	—	7.6	—	10.98	44.47%
		原研药	13.85	6.14	15.51	8.04	30.94%
	H医生	中选药	—	26.27	—	27.67	5.33%
		原研药	24.5	23.76	22.42	—	—
	I医生	中选药	—	18.14	—	21.34	17.64%
		原研药	22.82	23.28	21.63	12.75	-45.23%

五 中选药品医生处方行为分析

在政策实施开始阶段，由于对政策理解的不同、政策执行力及政治觉悟的不同、中选药品类型及效果的不同，不同中选药品完成类型的医生在最开始采取了不同的处方行为，任务完成较好的医生由于科室主任的重视、自身对政策的认知度更高、药品疗效好等因素，在政策执行开始就非常了解相关政策及自身任务，在初期就大幅超预期的完成目标。而初期指标任务完成一般和较差的医生在政策执行初期对院内“4+7”带量采购管控政策并不清楚，也并不知道自身有左乙拉西坦片中选药使用总量的要求，更多的还是延续过往的开药模式，而帕罗西汀、左乙拉西坦片为精神类药品，其药品特性导致患者短期内难以调整用药，多因素作用下导致这两个品种的指标量完成情况相对较差。随着我院第三、第四季度对帕罗西汀管控的加强，开具帕罗西汀的3名医生后续处方行为变为增加了次均中选药处方数量，但是其总中选药处方数量并未实现环比增长，而我院管控措施提升了全院相关医生整体开具帕罗西汀药物的行为，促进他们整体在相应适应证的情况优先开具中选药，从而使得我院帕罗西汀中选药完成量的达标。随着后续院内针对帕罗西汀、左乙拉西坦片PDCA管控的持续改进，相关医生的处方行为在2020年第三季度得到了较大程度改善，特别是开具左乙拉西坦片的3位医生其在初期大幅提升次均患者药品数量的同时相应的处方人次也持续改善。

而在后续政策干预之后，完成一般的医生采取大幅增加开具中选药处方人次、降低次均患者中选药数量和开药天数的方式实现中选药指标的达标；完成较差品种的医生采取了更多开具中选药处方人次、提高次均患者中选药开药天数和数量的多重方式来提升中选药的完成量；未持续干预的完成较好的医生虽然有一定程度懈怠，但是仍能保持高水平完成指标任务，部分政治觉悟更高的医生仍能在高水平完成任务基础上持续改进，医生的个人特征对其中选药的处方行为也产生了重大影响。基于对上述医生的处方数据分析和问卷调查结果，针对不同类型中选药处方行为，政策知晓度更高、积极和患者解释国家“4+7”带量采购政策并推荐中选药的医生其中选药指标量和中选药占比完成情况就越好，改进的幅度就越快，而患者接受度、药品自身特性、医院宣传和科主任重视程度等也对医生中选药的处方用量和行为产生了影响。因而，通过提高医生的政策认知水平、加强医生职业道德教育和医患沟通、加强医生处方行为监管以及深化医院处方行为激励约束机制等措施将可以很大程度改善医生对中选药品的处方行为，激励约束医生更合理积极的开具中选药品，让广大人民群众受益。

我院通过大数据建立针对不同类型医生处方行为的分析模型，通过定性定量分析方法精准化了解不同医生中选药开具处方行为特征和原因，并基于分析结果制定相关干预政策，从而切实保障带量采购药品惠及应该享受到医改红利的患者。

第四节

“4+7”带量采购中选药品不良反应监测的背景及意义

一　背景及意义

2019年1月国家卫生健康委办公厅发布的《关于做好国家组织药品集中采购中选药品临床配备使用工作的通知》（国卫办医函〔2019〕77号）。第五条关于做好中选药品临床使用情况监测，其中重点内容包括：要求省级卫生健康行政部门药建立完善药品临床使用监测网络，将试点城市的所有公立医疗机构纳入监测范围。充分利用信息化手段，对中选药品配备采购和使用情况、临床效果等进行监测和分析。对中选药品质量和安全监测，要求卫生健康部门和医疗机构之间建立信息反馈机制，关注中选品种的不良反应情况，并与同通用名的其他企业的药品比较，及时控制临床风险。此次“4+7”中选的品种共25个，其中，通过一致性评价的仿制药22个，占88%；原研药3个，占12%。“4+7”带量采购药品88%的品种是通过了与原研药一致性评价的药品，理论上是“好药”。但“一致性评价”存在缺陷，临床疗效未必是一致的，尤其在药物不良反应（adverse drug reaction，ADR）方面，药物的纯度和晶型等没有在一致性评价中体现，要实现疗效一致性才是真正的一致性。一致性评价所做的是一次性评价，所以通过一致性评价的药品还应该在临床实际工作中不断进行检验。因此，不良反应的监测有极其重要的作用。开展“4+7”带量采购品种ADR集中监测和药品安全性、有效性评价研究工作的主要意义包括以下几点。

（1）及时反馈中选药品使用过程中出现的问题，对于为国家相关部门及中标企业提供采购药品的安全质量信息，不断提高药品的质量，更好地持续执行“4+7”政策发挥了重要作用。

（2）为医疗机构药品安全、合理用药和采购决策提供有益的参考。

（3）为患者的安全合理用药建立保障。

2019年4月国家卫生健康委办公厅发布的《关于开展药品使用监测和临床综合评价工作的通知》（国卫药政函〔2019〕80号）。在“全面开展药品使用监测”部分提出：“在全国各级公立医疗卫生机构中抽取不少于1 500家机构，在全面监测工作基础上，对药品使用与疾病防治、跟踪随访相关联的具体数据进行重点监测。提出2019年对国家组织药品集中采购试点城市，要以国家基本药物、抗癌药降价专项工作药品和国家组织药品集中采购试点品种为重点，开展药品使用监测。”在“扎实推进药品临床综合评价”部分提出：“鼓励医疗机构、科研院所、行业协会等机构结合基础积累、技术特长和临床用药需求，对药品临床使用的安全性、有效性、经济性等开展综合评价。”提出实施药品临床综合评价的机构要充分运用卫生技术评估方法及药品常规监测工具，融合循证医学、流行病学、临床医学、临床药学、循证药学、药物经济学、卫生技术评估等知识体系，综合利用药品上市准入、大规模多中心临床试验结果、不良反应监测、医疗卫生机构药品使用监测、药品临床实践“真实世界”数据及国内外文献等资料，围绕药品的安全性、有效性、经济性、创新性、适宜性、可及性等进行定性、定量数据整合分析。

二　CHPS助力“4+7”中选药品不良反应监测

中国医院药物警戒系统（china hospital pharmacovigilance system，CHPS）是国家药品不良反应监测中心研发的辅助监测哨点发现、报告、评价药械不良反应/事件，开展重点监测、上市后研究，获取药械警戒信息的信息化系统。该系统与哨点医院信息系统（hospital information system， HIS）集成，可实现ADR快速上报、主动监测，提高报告效率、质量，发现可疑病例、减少漏报、药品上市后再评价等功能（图3-3）。

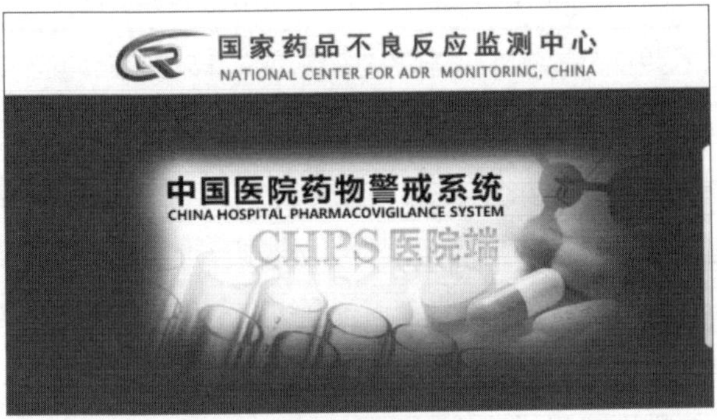

图3-3　中国医院药物警戒系统

我院是国家不良反应监测哨点医院（图3–4），利用CHPS，我们对“4+7”中选品种进行ADR主动监测。与我院HIS等系统数据同步后，通过系统自定义关键字或说明书不良反应主题词进行疑似病例搜索，通过主动监测减少漏报的情况，同时也有助于临床开展真实世界研究。

图3–4　国家不良反应监测哨点医院

主动监测步骤：①建立ADR监测计划，可根据实际情况重点关注某些品种，如国家政策品种、辅助用药品种、高危品种等，并建立监测计划。②ADR监测规则设置，包括医院药品与CHPS系统药品配对、关注品种的ADR规则建立、生成监测计划等几个步骤。③ADR搜索结果判定，ADR监测计划会将所有使用过这个药品的病例全部纳入ADR监测规则的搜索范围，然后进行人工判定。④生成ADR报告，根据关键字判定为ADR病例，可选择生成ADR报告，系统自动获取病程记录，作简单修改即可提交。

为协助医疗机构响应国家关于中选药品临床安全性监测要

求，广东省药理学学会药物警戒联盟基金会拟开展“基于CHPS的‘4+7’带量采购品种ADR集中监测研究”项目，以主动监测“4+7”带量采购相关品种（原研、带量采购中选品种、同通用名其他品种）住院患者发生ADR的情况，从而初步分析在实际诊疗情况下患者药物治疗的ADR。我院是参加本项目的10家医疗机构之一，基于CHPS开展“4+7”带量采购品种ADR集中监测研究，主要研究内容包括：①基于CHPS采集“4+7”带量采购相关品种（原研药品+带量采购中标品种+同通用名其他在用品种）在参与医院住院患者中的使用数据。②基于CHPS主动监测相关品种住院患者发生的ADR/E事件。③项目组织单位和组长单位邀请相关专家对各参与医院汇总报告的ADR报告进行审核确认，若发现聚集性ADR信号应及时向政府有关部门报告，对确认的ADR报告应按协议要求及时反馈项目资助的药品生产企业。

（本章撰写杨坚、刘菊娥、吕艺芝、赵宇）

总　结

1．“4+7”带量采购工作受到院领导高度重视，是“一把手工程”，由主管院领导牵头管理。在院领导带领下，医务牵头，药学、医保、信息、纪检等部门形成MDT团队管理，以信息系统为重要抓手多部门齐抓共管是本院实施“4+7”政策最突出的特点。

2．发挥药学部在管理过程中的专业作用，提前分析中标药品的使用特点，实施同类药品一起管理。

3．宣传落实到位。每一个临床科室均作政策宣讲，让每个医生了解政策要求和工作方法，同时对患者宣传到位。

4．避免简单粗暴“一刀切”。“一刀切”对医院、医生而言最容易执行，但这并不符合国家政策精神。结合政策允许有40%的非中标药品使用空间的规定，考虑到慢性病患者不能由于政策的原因被迫频繁换药，尽量让医生不用反复填表；由临床医生根据患者实际情况决定用药，不搞“停、断药品”来实施“4+7”任务。

我院接下来将不断完善院内带量采购药品的管控工作，具体采取措施如下：

（1）继续完善信息系统流程管理和闭环管控功能，落实科主任信息管理权限。

（2）对未达标科室进行多学科合作的分析，找到解决问题的对策。

（3）在执行过程中根据事情需求对个别指标进行调整与持续完善。

（4）按照分步实施，逐步达标的方式，如执行的第一季度（4月、5月、6月）完成指标70%、执行的第二季度（7月、8月、9月）完成指标80%、执行的第三季度（10月、11月、12月）完成指标90%、执行的第四季度（次年1月、2月、3月）完成指标100%。

参考文献

齐麟，2016. 美国药品分类制度研析[N]. 医药经济报，2016-05-09：（5）.

张宁，平其能，2010. 美国仿制药审批管理体系初探[J]. 中国新药与临床杂志，29（5）：387-393.

魏利军，2019. 学好开拓美国仿制药市场的“必修课”[N]. 中国医药报，2019-2-12：（4）.

KARKI L，2005. Review of FDA Law Related to Pharmaceuticals：The Hatch-Waxman Act，Regulatory Amendments and Implications for Drug Patent Enforcement[J]. Journal of the Patent and Trademark Office Society（87）：602-620.

STEPHEN HEFFLER，SHEILA SMITH，SEAN KEEHAN，CHRISTINE BORGER，et al，2005. U.S. health spending projections for 2004-2014[J]. Health Affairs，24（W5）：74-85.

VIVIAN J C，2008. Generic-Substitution Laws[J]. U.S. Pharmacist，33（6）：30-34.